FRANCISCO CRUZ

LA BOTICA DEL PUEBLO

(FLORA MEDICINAL DE HONDURAS)

ERANDIQUE

COLECCIÓN

FLORA MEDICINAL DE HONDURAS: LA BOTICA DEL PUEBLO
FRANCISCO CRUZ

©Editorial Erandique
Supervisión Editorial : Óscar Flores López
Diseño de portada: Andrea Rodríguez-Lilyana Gálvez
Administración: Tesla Rodas y Jéssica Cordero
Levantamiento de texto: Zona Creativa
Director Ejecutivo: José Azcona Bocock

Instagram: coleccionerandique
Facebook: Colección Erandique
Segunda edición
Tegucigalpa, Honduras-mayo de 2024

UN LIBRO QUE NOS DEBE INSPIRAR

Desde pequeño he sabido de la existencia de este interesante texto, y me ha dado inmenso placer haber contribuido a encontrarlo, digitalizarlo, y editarlo para una nueva edición. Muchos de los conocimientos que se encuentran en él han sido adoptados por la medicina moderna; otros se han desestimado, y otros más pueden tener usos que se han olvidado.

El Doctor Francisco Cruz era mi tatarabuelo, el abuelo de mi abuela Angelica Selva Cruz, por lo que tengo una relación personal más allá del interés histórico en este libro.

La enorme energía, amor al prójimo y a Honduras, y capacidad creativa de este noble personaje (que vivió en tiempos oscuros con grandes limitaciones) nos deben inspirar a recoger información y crear productos intelectuales útiles.

Médico y Abogado, recogió los remedios naturales disponibles con el fin de conservar el conocimiento popular y divulgar el mismo. Esto nos revela el enorme atraso, pero también la gran cantidad de conocimiento empírico que existía

José Simón Azcona Bocock/Editor
Tegucigalpa, mayo de 2024

FLORA MEDICINAL DE HONDURAS
BOTICA DEL PUEBLO

Enseña a conocer las virtudes medicinales de las plantas indígenas y de otras sustancias vulgares para la curación de las enfermedades.

Explica la manera de administrar los medicamentos comunes, de practicar las operaciones más usuales en la medicina doméstica, y ofrece una colección de útiles recetas para las enfermedades más conocidas y frecuentes en la América Central.

TERCERA EDICIÓN

Obra original de D. Francisco Cruz

NOTABLEMENTE AUMENTADA

Y

PROPIEDAD DEL EDITOR JULIÁN CRUZ

MADRID
IMPRENTA Y FOTOGRABADO DE ENRIQUE ROJAS
Calle de Pizarro, núm. 16.

DEDICATORIA

Y voto de gratitud del editor.

Poco tiempo antes de la defunción de mi padre, D. Francisco Cruz, acaecida en la ciudad de La Esperanza el 20 de mayo de 1895, me escribió anunciándome que tenía concluidos los escritos complementarios con que pensaba mejorar este libro para su tercera edición, encareciéndome a la vez que, si él por cualquier accidente no pudiese hacerla efectiva, la verificara yo después de sus días.

Recordando eso cuando falleció, recogí el original de su citado libro, y desde luego procuré recurrir al favor de varias personas de influencia y de recursos, de que yo carecía para editarlo, cumpliendo así el sagrado encargo de mi padre; pero pasaron cuatro años de tentativas en ese sentido, y todas ellas fueron infructuosas, hasta que un día, hablando sobre el particular con el señor don Francisco Cáceres, hombre importante de nuestra sociedad, generoso, ilustrado y amigo de hacer el bien en todas las ocasiones que se le presentan; de su espontánea voluntad me ofreció mandarlo a imprimir a sus expensas, sin exigirme siquiera seguridades sobre el pago de tan costoso trabajo.

Mas no ha limitado a sólo eso su generosidad el Señor Cáceres, sino que también se ha servido obsequiarme con el escrito biográfico relativo a mi padre, que subsigue a estas líneas, en el cual refleja sus conocimientos en nuestra historia nacional, y se ve la correcta y sustanciosa dicción que le caracteriza como escritor y periodista.

Debiendo, pues, al estimable Señor Cáceres los señalados favores a que me he referido, cumplo el grato deber de dedicarle la edición de este mismo libro, y de tributarle mis votos más sinceros de invariable gratitud.

Julián Cruz

RASGOS BIOGRÁFICOS DE

D. Francisco Cruz

AUTOR DE ESTE LIBRO

D. Francisco Cruz nació en la ciudad de Santa Ana, República del Salvador, el 4 de octubre de 1820.

Huyendo de la guerra de 1829, que azotó tan rudamente a los estados del Salvador y Guatemala, en especial a los pueblos de sus fronteras, se trasladaron a este país D. José María Cruz, de origen mexicano, y su esposa Doña Romualda Castro, salvadoreña, y con ellos vinieron, como era natural, no solo el niño Francisco, sino también su hermano Antonio, que ha dejado muy gratos recuerdos.

La familia Cruz se estableció aquí con facilidad, pues trajo consigo las mercaderías con que comerciaba en mediana escala, acrecentando sus negocios a esta plaza hasta un punto envidiable.

Ya desde esta época fue hijo neto de esta ciudad el niño Francisco, hasta el grado que casi todos sus vecinos ignoraban que era santaneco.

Entró en la escuela primaria, y en muy poco tiempo aprendió cuanto en ella se enseñaba.

Pasó luego al estudio de las materias de enseñanza secundaria, habiendo ganado algunos cursos, pero no pudo coronar ninguna carrera científica ni literaria, porque la anormalidad política de aquellos tiempos hizo que se cerraran los establecimientos de educación.

Ya sin esperanzas de alcanzar una profesión en las aulas y para entretener su natural actividad intelectual, y divertir su ocio, se dedicó a aprender música, que encontró fácil, como sus otros estudios, llegando a ser compositor de algún mérito, y a ejecutar con limpieza y sentimiento en el piano y en el violín.

Pero un espíritu tan práctico como el del señor Cruz no podía estar contento largos días con solo los estéticos resultados de la música, y hubo que buscar a sus notables aptitudes otro derrotero.

A los 22 años de su edad, decidió estudiar medicina, y lo hizo en clase privada; como estudiaba jurisprudencia, ciencias políticas y administrativas y otras cuantas materias con que satisfacía su sed de saber, y daba ocupación a su clarísimo entendimiento.

Preparado de este modo, y favorecido por la naturaleza, además, con una voz dulce, afluente, casi fascinadora, y un carácter afable y atractivo, se inició en el servicio de los destinos públicos.

Tuvo la buena suerte de inaugurar su carrera de empleado siendo jefe del estado uno de los hombres más distinguidos de esta tierra, todo formalidad y energía: el ilustre general Ferrera.

Larga es la lista de los empleos que sirvió.

Jefe de sección de las carteras ministeriales.

Juez de primera instancia.

Jefe político del departamento.

Administrador de aduanas.

Magistrado de la corte de justicia en primera y segunda instancia.

Diputado del congreso legislativo en varias ocasiones.

Ministro de estado.

Presidente de la república, en calidad de designado constitucional, y director de la estadística nacional.

Igualmente, desempeñó el Señor Cruz, al servicio de varios Gobiernos comisiones diplomáticas de alta importancia; pero entre estas, la más culminante fue, sin duda alguna, la que restituyó a Honduras las Islas de la Bahía y la Mosquitia, en el periodo del presidente general Guardiola, de acuerdo con el convenio celebrado entre él y el ministro de S. M. B. el 27 de abril de 1857. ¡Esto solo es suficiente para enaltecer la memoria de tan hábil diplomático!

Como diputado, el Sr. Cruz se hizo admirar en varias ocasiones en el recinto de las cámaras por su elocuencia parlamentaria, su *sal picaresca* y sátira fina, como por la copia y superioridad de razonamientos.

No siempre nuestros congresos han sido dóciles a la voz de mando del Ejecutivo, y el señor Cruz encontró a las veces adversarios tan pujantes como el licenciado Don Celeo Arias y D. Felipe Bustillo, que en 1865 formaron época por su independencia y elevación de carácter.

Pero el Sr. Cruz no solo fue un empleado laborioso que llevaba a satisfacción sus deberes oficiales, sino también un correcto, sagaz y fecundo periodista de estilo sencillo y argumentación sólida, sin que le fueran ajenos la punzante ironía y aún el duro lenguaje.

Fue por muchos años redactor de la *Gaceta oficial*, y fundó algunos periódicos independientes o de carácter no oficial, y en ellos sostuvo, con lucidez, polémicas muy interesantes. En estas lides tuvo adversarios formidables por su posición y conocimientos políticos, literarios y científicos, y jamás hizo papel desairado.

Al fin le cansó al Señor Cruz la vida de hombre público, y no solo por esto, sino por esquivar las hostilidades de sus émulos políticos a que se vio expuesto en 1884, emigró para la República del Salvador.

Bien lo pasaba en El Salvador, pero como no hay tierra como *su tierra*, el Señor Cruz volvió a Honduras en 1890, permaneciendo, ya en Amapala, ya en otras poblaciones de la costa meridional, ejerciendo generosamente la medicina y ocupándose en escribir algunos folletos sobre la misma elevada ciencia, que han quedado inéditos.

En abril de 1895, Don Francisco Cruz, que a pesar de su avanzada edad era todavía un hombre sano y fuerte, emprendió un viaje fatal. Un buen amigo suyo solicitó que le asistiera a su esposa en calidad de médico, y no pudo desoír esa voz.

Fue y llegó a La Esperanza, donde residía su amigo, pero la transición violenta del clima ardiente de la costa en que vivía al de Intibucá, el más frío de la República, le ocasionó una congestión pulmonar que le privó de la vida el funesto día 20 de mayo de dicho año, numerando 75 de su edad.

Así terminó la existencia de aquel hombre útil, trabajador y estudioso, y por muchos conceptos digno de respeto aún para los que fueron sus enemigos.

¡Honra a su memoria!

Comayagua, noviembre de 1899.

Francisco Cáceres

PROEMIO DEL AUTOR

Muchos enfermos sanan sin médico; pero no sin medicina.

Todo libro que responde a una necesidad es un libro precioso; y, ¿con cuanta más razón habrá de serlo este redactado por humanidad para el alivio de las gentes del campo que en sus enfermedades carecen de socorros, y para los desvalidos que aún en las poblaciones no tienen médico ni medicinas?

Sencilla es esta obrita, pero de mucha utilidad. Hasta los facultativos encontrarán en ella, acumulados por orden alfabético, conocimientos que habrán visto diseminados en otros escritos, y algunos descubrimientos hasta ahora del todo ignorados.

Padres de familia, y todos los que solicitéis alivio a las dolencias, poseed este librito, verdadero legado de cordial filantropía, que hace a sus compatriotas un anciano, que luego pasará al olvido de la eternidad.

ADVERTENCIAS

En la dosificación a que se refiere este repertorio, debe entenderse:

Por botella, lo que mide una botella castellana, o sean 14 onzas de líquido.

Por dracma u ochava, la octava parte de la onza.

Por libra, la de 16 onzas.

Por grano, el peso de un grano de cebada escogido.

Por gramo, el peso de 20 granos.

Por cucharada, lo que contenga una cuchara regular de comer, o sea la tercera parte de una onza.

La dosis debe entenderse administrable en 24 horas y para las personas mayores.

La dosis para los niños debe regularse proporcionalmente a su edad.

Al fin del texto va el índice de las enfermedades curables con las medicinas que por orden alfabético refiere LA BOTICA.

También se registra un catálogo de las medicinas domésticas más usuales; una preciosa colección de aforismos concernientes a la salud; y, por último, un repertorio de útiles recetas contra las enfermedades más conocidas y frecuentes en estos países de la América Central.

DOSIFICACIÓN DE LOS
MEDICAMENTOS, SEGÚN GANBINS
PROPORCIONADA A LA EDAD DE LOS ENFERMOS

De 25 a 60 años……………………………………………1

De 20 íd…………………………………………… ..2

De 14 íd…………………………………… …..3

De 7 íd………………………………………………1/2

De 3 íd………………………………………………1/4

De 2 íd………………………………………………1/8

De menos de 1 íd…………………………………..1/15

PARTE PRIMERA: LA BOTICA

A

Abejas. — Insectos criollos bien conocidos, que fabrican sus colmenas en los bosques. Pertenecen a la familia de los *antófilos* (amantes de las flores). Las hay de diverso tamaño y color. Las abejas que fabrican las mejores colmenas son más grandes que las otras, de un color un tanto amarillo, vulgarmente llamado *blanco*.

Los médicos antiguos, fundados en la experiencia, recomendaban el cocimiento de las abejas, administrado como bebida, para curar la retención de la orina; y el polvo de las mismas, mezclado con manteca en forma de pomada, untada sobre la piel de la cabeza, para detener la caída del cabello y evitar la calvicie.

Como es bien sabido, la miel de las colmenas es el jugo de varias flores, de donde la extraen las abejas por medio de una trompita que tienen, y la depositan en la colmena.

La calidad de esa miel varía según las plantas de cuyas flores la extraen las abejas. Es excelente en las comarcas en que abundan las flores *labiadas*, así como ofrece un gusto desagradable, y aún puede ser venenosa, la que procede de vegetales nocivos, tales como el acónito, el estramonio (tapa), el quiscamote (arum maculatum), etc.

La miel de abejas es depurativa, detergente y útil como medicamento externo para limpiar las úlceras. Para uso interno, se mezcla con algunos bálsamos. La miel de la colmena, llamada *talnete,* que unida con la tierra es ácida, de olor y sabor especial, poco agradable, pero usada popularmente para cular la *metritis crónica* (dolor de ijada) que atormenta a un número considerable de mujeres y las hace infecundas.

En este caso, la paciente debe tomar dos o tres cucharadas de dicha miel tres veces al día, mezclada con agua. Si se agrega a eso la bebida del cocimiento de raíz de escorzonera por bastante tiempo, el alivio será más seguro.

Achiote. — (Bixa Orellana). Pasta roja bien conocida y producto colorado de la semilla del árbol del mismo nombre. El cocimiento de las hojas del árbol, bebido en suficiente cantidad por algunos días, alivia la ictericia.

El achiote tiene virtudes tónicas, y por lo mismo ayuda a la digestión, siendo eso por lo que es bueno su uso en alimentos.

Disuelto el achiote en agua o leche es muy usual contra la disentería y la blenorragia o purgación. La dosis para tomarlo interiormente es de una a dos dracmas disuelto en suficiente agua azucarada.

Untando la piel con achiote, la precave de las picaduras de los zancudos y de ennegrecerse por la acción de los rayos de una luz excesiva.

Afrecho o salvado. — Se usa el cocimiento para baños, fomentos y lavativas en las inflamaciones e irritaciones. Aplicado y comprimido sobre las heridas leves, detiene en ellas la sangre.

La pasta fermentada sirve a las señoras para lavarse el rostro, a cuya piel comunica suavidad y blancura.

El cocimiento de afrecho, como artículo de dieta, proporciona una bebida ligera un tanto nutritiva, que puede administrarse en las inflamaciones de pecho e intestinos.

Agua. — Es un cuerpo esencialísimo para la vida del hombre: la mejor agua es la cristalina, ligera y sin ningún sabor. Ella forma el vehículo de todos los medicamentos que aumentan la orina o el sudor. Tibia o fría, según los casos, es una bebida preferible a muchas famosas tisanas.

Como las aguas corrientes toman de la tierra diversas sustancias, hay aguas minerales que pueden dividirse en las clases siguientes: salinas, gaseosas, ferruginosas, sulfurosas y yoduradas. Todas ellas ofrecen preciosos recursos para el tratamiento de las enfermedades crónicas.

En el país hay muchas de esas aguas, tanto frías como termales o calientes; pero no han sido analizadas hasta ahora, y por eso se echa de menos la celebridad de que gozan en otras naciones las de igual naturaleza.

Las aguas sulfurosas pueden conocerse regularmente en que exhalan un olor a huevos podridos; y las ferruginosas, en que ennegrecen las sustancias astringentes.

El agua fría aplicada exteriormente fortifica y constriñe: es quizá el mejor resolutivo de los golpes y magullamientos, y mucho más si se le añade un poco de sal común y vinagre.

También contiene la sangre de narices y el flujo uterino: en el primer caso, aplicándola en paños a la frente; y en el segundo, a los lomos y al vientre.

Regando con ella en forma de chorro por largo rato la cabeza de los que padecen de gota serena, se han obtenido inesperadas curaciones.

El agua tibia calma y suaviza las superficies dolorosas e irritadas de la piel; y si con ellas se lavan las heridas, promueve una curación fácil.

Más caliente, tomada al interior y aplicada en paños gruesos sobre el estómago y vientre, alivia los cólicos, es desinflamante y facilita las defecaciones.

El agua de lluvia es más disolvente que la de río, y por lo mismo blanquea mejor la piel y la ropa.

El agua de mar, empleada en bebida, tiene acción purgante, y se recomienda en las inflamaciones crónicas del hígado, en la ictericia, en las escrófulas y en la tisis. Los baños con esa agua producen los mismos efectos.

Respetables autores afirman que el agua de los ríos que corren de oriente a occidente es de mala calidad, con pocas excepciones.

Las aguas sulfurosas, administradas en bebida y baños, curan el reumatismo y las enfermedades de la piel. Los baños deben repetirse dos veces al día, y la dosis como bebida es de 1 a 2 botellas diarias.

Las aguas ferruginosas, tomadas interiormente por bastantes días, fortalecen a las personas débiles y promueven la menstruación.

No se encuentra agua pura en la naturaleza; y, si la hubiera, sería la peor, pues las sales que contiene la hacen más o menos digestiva.

Los bebedores de agua conservan mejor su digestión que los bebedores de licores espirituosos.

El agua hervida, destilada o soleada, es indigesta por el poco aire que contiene.

El agua de lluvia está más sujeta a la corrupción, porque contiene mucha materia orgánica.

El efecto del uso de aguas cargadas de materia orgánica es la disentería o diarrea.

Las aguas turbias o malsanas se purifican con alumbre. Con ese fin, se echa una cucharadita de alumbre en polvo en un cántaro del agua que se va a clarificar. Se agita, y todas las impurezas se precipitan al fondo. Ninguna mala cualidad comunica el alumbre al agua.

El uso de algunos vasos de agua fría quita el hipo común.

El agua bebida en ayunas facilita las defecaciones del vientre.

Los que solo beben agua y no licores embriagantes, están menos expuestos al reumatismo, a las enfermedades de los ojos, a las nerviosidades, etc.

El uso del agua fría es perjudicial en estado de frío o de calor cuando hay calentura; pero útil cuando hay sequedad o ardentía de la piel.

No es conveniente beber mucha agua, ni con repetición, porque se debilitan las fuerzas digestivas, se hace acuosa la sangre, se fatigan los riñones, y se sustrae el calor en las entrañas.

En las comidas no se debe beber mucha agua, porque se diluyen demasiado los alimentos y se trastorna la digestión. El agua de los pantanos y lagunas ocasiona graves enfermedades, porque contiene microbios (pequeñísimos insectos) y esporas venenosas. Para hacer potables esas aguas, es necesario hervirlas, dejarlas airear, y si es posible, filtrarlas a través de una capa de arena o de carbón molido.

El uso del agua filtrada por arena y carbón, o mejor, por una capa gruesa de cieno, preserva con toda seguridad del contagio del cólera morbo.

El agua de mar contiene ácido carbónico, cloruro de sodio, de potasio o de magnesio, yoduros y bromuros, sulfato de sosa y de magnesio.

Aguacate. — (Persea gratissima). La fruta de este árbol, estando madura y siendo de buena calidad, ofrece un alimento bastante agradable y sustancioso a las personas que hacen buenas digestiones. Es también un regular afrodisiaco.

Según el análisis de un distinguido profesor, contiene esa fruta 50 partes de aceite clorofila, 50 de laurina, 39 de oleína, 35 de estearina, 60 de materia vegeto-animal, 60 de goma, 14 de resina, 142 de sacarina, y el resto de ácido acético, agua vaporizada y otras sustancias. La semilla contiene mucha fécula, agua, ácido gálico, jabón vegetal, tanino, etc. Contiene un aceite inmejorable para impedir la caída del pelo, y el jabón hecho con él es excelente para suavizar el cutis, siendo a la vez el mejor emoliente para la gota.

La semilla fresca y molida, aplicada en cataplasma, disuelve los panadizos. Con el zumo de la semilla se marca la ropa de un modo indeleble.

El polvo de las hojas entra en la composición de las siguientes píldoras, muy recomendables para curar la menstruación penosa y la esterilidad.

Polvos de hojas de aguacate secadas al sol, 48 granos. Limaduras finas de hierro, 48 granos. Azafrán de comer, 48 granos. Aloes, 48 granos. Tritúrense muy bien, mézclense con mucílago de goma arábiga o de espino blanco, y hágase 72 píldoras. Dosis de 6 a 8 al día.

Aguardiente. — Usado con moderación fortifica el estómago, ayuda a la digestión, expele las ventosidades, abre el apetito y proporciona un bienestar pasajero.

Como estimulante de los más difusibles se emplea ventajosamente, mezclado con agua o leche, en las debilidades extremas; y solo, o mezclado con agua, en el cólera morbo y en el envenenamiento por el arsénico y por algunos vegetales drásticos, como las semillas de piñén o tempate, la xabilla, etc., haciendo antes vomitar al paciente la sustancia venenosa.

Añadiendo cuatro cucharadas de buen aguardiente a un poco de infusión caliente de hojas de naranjo o de limón, constituye un buen remedio contra el catarro o romadizo, si se toma por la noche a la hora de acostarse.

Una copita de aguardiente, tomada con sal común en ayunas, es un remedio provechoso contra la inflamación del bazo.

El mejor aguardiente para el uso es de 22 grados, claro, sin ninguna composición, cuidando de que el alambique en que se destile sea estañado por dentro, porque de lo contrario, si es de cobre, el líquido se impregna de cardenillo, que es un veneno activo.

En caso de tisis, en el primero periodo, varios pacientes se han salvado con el uso del aguardiente, tomando tres veces al día, sin llegar en ninguna a la embriaguez.

En las neumonías o dolores de costado de los ancianos, en el estado de extrema postración, el aguardiente mezclado con leche (2 vasos de leche con 8 cucharadas de aguardiente para todo el día), constituye un remedio de alta confianza con que se han obtenido curaciones inesperadas.

El aguardiente bien batido con clara de huevo, y aplicado sobre las úlceras gangrenosas que se les forman a los enfermos a consecuencia de permanecer en la cama durante largo tiempo, es un tópico excelente para curarlas.

Para curar el delirio y la goma que padecen los borrachos después de la embriaguez, debe hacerse vomitar al paciente el licor que tenga en el estómago, y en seguida se le administra cada cuatro horas medio vaso de agua azucarada con 10 gotas de álcali volátil fuerte. También se recomienda en esos casos el éter sulfúrico, a la dosis de 30 gotas cada 4 horas, y en los casos graves se recurre con ventaja al hidrato de cloral, dando al paciente 18 gotas cada 5 horas en suficiente agua azucarada.

Ajo. — (Allium sativum). Es muy irritante, y su uso interno en demasía es perjudicial a la salud. Exteriormente hace las veces de un sinapismo o vejigatorio. Para lo primero, se muelen los dientes de ajo privados de su película, y se mezclan con harina de trigo por partes iguales; y para lo segundo, se usará solo la parte de ajo bien molida sin harina.

En algunos países se usa el ajo por el pueblo, aplicado al exterior, como remedio contra el reumatismo. Para prepararlo, se envuelven los ajos, bien mondados, en un lienzo que se suspende en una vasija llena de agua, solo hasta la tercera parte, de modo que se encuentren sometidos únicamente a la acción del vapor, al tiempo de hervir el agua. Después de algunas horas, los ajos se ablandan y forman una pasta que se comprime fuertemente. El zumo que produce es el aceite de ajos, de una acción irritante tan enérgica que las partes del cuerpo con el que se friccionan se ponen rojas y se cubren de ampollas. Se dice que ese aceite posee virtudes muy curativas contra el reumatismo.

El ajo contiene, además del aceite esencial cáustico, mucílago y azufre, y administrado interiormente mata las lombrices. Para este fin, se cuecen cuatro dientes de ajo machacados en un poco de leche, se cuela y se administra en ayunas al paciente por varios días.

Alacrán o escorpión. — Los médicos persas usan contra la picadura del alacrán la aplicación sobre ella de aceite en que se hayan deshecho, bien machacadas, algunas colas de ese insecto, o un parche del mismo insecto, bien molido.

Albahaca. — (Ocimum basilicum). Las hojas tienen virtud excitante. El cocimiento de ellas aumenta la orina, facilita la menstruación y expele las ventosidades. Regularmente se administra la infusión en forma de té a la dosis de una botella al día. La albahaca silvestre es más activa que la cultivada.

La principal cualidad de la albahaca es ser vermicida (mata gusanos), y se usa mucho en infusión fuerte para matar los gusanos de las fosas de la nariz y de los oídos. Se aplica para este fin en inyecciones.

Algodón. — Las hojas, las flores y las raíces de esta planta son emolientes, y el cocimiento de ellas se administra con ventaja en las enfermedades del pecho, de la vejiga, de los riñones y en la disentería.

El capullo fibroso del algodón escarmenado, puesto sobre las quemaduras recientes y sobre las partes atacadas de erisipela, alivia el dolor y promueve su curación. Las semillas molidas con agua y azúcar ofrecen una horchata pectoral y de provecho para los tísicos.

El algodón cardado es quizá mejor que las hilas comunes para curar las llagas y las heridas.

La infusión de las hojas para bebida se prepara vertiendo un poco de agua hirviente sobre dos dracmas de hojas o flores de algodón en una vasija a propósito. El cocimiento de la raíz de la planta, tomada interiormente, aumenta la orina.

Alhucema o espliego. — (Lavándula vera) Fortalece los nervios y el cerebro, es bueno contra la perlesía, los males de nervios, la epilepsia y el reumatismo. La dosis del polvo para uso interno es de una ochava al día en un poco de miel.

Aplicada exteriormente, es un buen resolutivo de los tumores fríos y empedernidos, para lo cual puede usarse la fórmula que sigue. Polvos de alhucema, 1 parte. Sebo de vaca, 4 partes. Polvos de canela, 1 parte. Tritúrese bien en frío todo ello, y extendiéndolo después sobre un lienzo, se aplica al tumor o hinchazón empedernida por seis u ocho días. Es un medicamento eficaz y comprobado.

La infusión de la alhucema, como bebida, es buena contra algunas indigestiones, contra los dolores nerviosos y especialmente los del estómago.

Almendro. — Árbol grande de cáscara rugosa, de madera muy fuerte y hojas menudas bastante resistentes. El cocimiento de la cáscara, tomado al interior, es remedio enérgico contra las lombrices. Puede administrarse solo o mezclado con leche, en dosis proporcionada a la edad y complexión de la persona.

Almidón. — Proporciona un regular alimento en bebida cruda como cocida. De la misma manera se usa en lavativas en los casos de disentería o diarrea. El almidón cocido en leche, añadiéndole azúcar y canela, ofrece un alimento tan sano y agradable como restaurante.

Mezclado con vinagre, es un tópico eficaz contra el herpes agudo, vulgarmente llamado *andada de ciento pies.* Se aplica en este caso en forma de papilla, sobre la parte enferma, tres o cuatro veces al día. También se curan los herpes húmedos poniéndoles encima almidón reducido a polvo muy fino.

Con el polvo de almidón se cubren ventajosamente las partes atacadas de erisipela y sobre las escoriaciones o *sahornaduras.*

El almidón, asociado al tártaro emético, aumenta la actividad de este como vomitivo.

Los alimentos que contienen mucho almidón son perjudiciales a las personas que padecen enfermedades de la piel, según la experiencia de varios prácticos.

Aloe o zábila. — (Aloes perfoliata). El jugo de la hoja, ya seco, es el que se usa como purgante, y para obtenerlo se cortan de la mata las hojas cerca del pie, y recogiendo las gotas que ellas destilan en un trasto a propósito, se ponen a evaporar al sol hasta su desecación. También haciendo incisiones en la planta viva y dejando que se seque al sol el fluido que destila, se obtiene buen aloe.

De 8 a 10 granos de aloe en píldoras, se obtienen un buen purgante.

Se consigue la curación de las úlceras antiguas lavándolas con la solución de aloe en agua. Con la misma solución, siendo fuerte, se matan los gusanos y otros insectos que se crían en el cuerpo. También detiene la gangrena en las partes en que se declara.

El mucílago blanco que contienen las hojas de la zábila es uno de los mejores tópicos para untar con él las quemaduras recientes y las partes atacadas de erisipela. También ofrece alivio en las blenorragias o purgaciones agudas, bien mezclado con leche y administrándolo en bebida al paciente a la dosis de 8 cucharadas de cada una de ambas sustancias.

El aloe entra en muchas útiles preparaciones curativas, de las cuales se expondrán algunas.

Píldoras recomendables. — Aloe en polvo, 40 granos. — Limaduras finas de hierro, 100 granos. — Goma arábica en polvo, cantidad suficiente para hacer 50 píldoras. — Dosis de 4 a 6 al día. Curan el color pálido de las mujeres y les mejora la sangre.

Tintura. — Aloe, 1 onza. — Se disuelve bien en una botella de aguardiente. — Es tónica, abre el apetito, y proporciona fuerza a los estómagos débiles. — Dosis, 10 a 12 gotas todas las mañanas en un poquito de agua o de vino.

No conviene el aloe a las mujeres embarazadas, ni a las personas que padecen de almorranas.

Ungüento contra las lombrices. — Hiel de vaca, 2 ochavas. — Polvos de aloe, 2 ochavas. — Manteca de cerdo, 1 onza. — Se mezclan bien. — Se fricciona con este ungüento sobre el ombligo tres veces al día para matar las lombrices y calmar el cólico que ellas ocasionan.

Anís. — (Pimpinela anisum). La infusión de anís, administrada a los niños de pecho, les facilita la digestión y aumenta la leche a las mujeres que crían si hacen uso interno de ella. La dosis del anís es de una ochava al día, reducida a polvo o en infusión.

En la antigüedad fue muy recomendado el anís para las enfermedades del pecho.

Anona colorada o cimarrona. — (Anona reticulata). El cocimiento de los cogollos es un astringente a propósito para curar la diarrea y la disentería crónicas, después de limpiar el estómago por medio de la ipecacuana. Puede administrarse al día una botella del cocimiento en varias tomas.

Anona común. — El vulgo, que empíricamente descubre preciosos remedios, ha encontrado uno bastante recomendable en las semillas de la anona común, cáscara rugosa y verde, para curar el asma. La preparación de la bebida es como sigue: Se muelen o trituran bien seis u ocho semillas de anona, se pone la masa en un trasto pequeño de loza, se le echa un poco de agua hirviendo, se bate como el chocolate, se le añade azúcar y se toma en ayunas. En ocasiones obra como purgante. Tres o cuatro tomas en sus respectivos días bastan regularmente para dominar los accesos.

Añil o jiquilite. — (Indigofera añil). La tinta o el añil que se extrae del jiquilite es una regular medicina para curar las calenturas intermitentes; y antiguamente fue recomendada contra la epilepsia o *mal caduco*. La dosis es de dos a cuatro dracmas al día. Se reduce a polvo el añol para dos tomas, una por la mañana y otra por la tarde.

Armado o Armadillo. — Pequeño cuadrúpedo conocido en nuestras comarcas y cuya carne es comestible entre las gentes del pueblo.

Algunos médicos antiguos concedieron a los polvos de los huesos y de la concha del armadillo una virtud antisifilítica bien determinada, y varios empíricos del país los usan aún contra las infecciones venéreas en el estado crónico. Según los mismos antiguos, el uso de los enunciados polvos aumenta la secreción de la orina y alivia la sordera nerviosa.

Arrayán (Myrtus communis). — Las hojas, la cáscara y las raíces de esta planta gozan de una virtud astringente bien conocida, y su cocimiento se administra con provecho contra la diarrea crónica y los flujos antiguos.

Arroz (Oryza sativa). — Cocidos los granos simplemente en agua o leche proporcionan una buena cataplasma emoliente para aplicaciones sobre partes atacadas de inflamaciones agudas.

El cocimiento del arroz, con un poco de goma arábiga, es muy usado y benéfico en los casos de disentería.

Como alimento, el arroz es un buen artículo de dieta; y cocido en leche y azucarado convenientemente es muy nutritivo.

Artemisa (Artemisa vulgaris). — Es estimulante y promueve la menstruación, mata las lombrices y es útil contra la epilepsia, administrando una dracma de los polvos de la hoja dos veces al día al interior, o el cocimiento.

Algunos médicos antiguos tuvieron como cierto que no siente el cansancio de las grandes jornadas a pie el que lleva un puñado de hojas de esta planta a cada lado, junto a la ingle.

Antiguamente fue muy recomendad la artemisa para curar la fiebre terciana o la cuartana, y la administraban de la manera siguiente: Jugo de hojas de artemisa, 3 cucharadas. Aceite de olivo, 3 cucharadas, para una toma en ayunas. Se tenía casi como segura la curación a los tres o cuatro días de administrar este remedio.

Avispas. Contra sus picaduras. — A medio vaso de buen vinagre póngase un poquito de carbonato de soda, o de lejía de cenizas, y báñese con ese líquido así preparado la parte en que esté la picadura. El alivio será inmediato y no sobrevendrá inflamación.

Ayote. — Planta rastrera indígena, cuyo fruto es comestible y bien conocido. Las semillas son nutritivas. Con ellas se hace horchata, de que pueden usar con ventaja las personas extenuadas por enfermedades del pecho. El cocimiento de las raíces de la planta aumenta la leche a las mujeres que crían.

Azaharillo. — Arbusto indígena, de hojas semejantes a las del olivo europeo, cuyo fruto consiste en unas ramas como de un decímetro de largo, y que al madurarse se abren, ofreciendo en la superficie interna un vivísimo color rojo, y semillas del mismo color.

La cataplasma de las hojas de esa planta, bien molidas y aplicadas sobre la pústula maligna llamada vulgarmente *mala ampolla*, cauteriza como el fuego ardiente la superficie gangrenosa de la pústula, detiene su extensión y destruye los microbios que la ocasionan, y por ese medio evita la infección general de la sangre.

Antes de aplicar la cataplasma sobre la pústula, es conveniente practicar sobre ella una incisión en forma de cruz; y para combatir la fiebre, que es consecuencia de la pústula, se administra al paciente el sulfato de quinina, 5 granos cada tres horas el primero día, y 4 granos el segundo cada tres horas. Por tisana se usará la limonada fría. Los alimentos deben ser vegetales.

Azúcar. — Es un tanto alimenticio, y su uso facilita en ocasiones la expulsión de las flemas del pecho y las evacuaciones del vientre.

En poca cantidad ayuda a la digestión, pero usándola con exceso la desarregla.

Azufre. — Es un precioso medicamento, barato, y que se presta a diversas aplicaciones. A dosis conveniente obra como purgante. Tomado en pequeñas dosis obra como excitante de la piel. Se le emplea con ventaja en las afecciones catarrales crónicas, en las inflamaciones escrofulosas, y en el asma e inflamaciones crónicas de la vejiga.

Aplicado exteriormente tiene una acción específica contra los herpes y la sarna. También se administra al interior contra la tisis y las almorranas. La dosis para el interior puede ser de 24 granos, una o dos veces al día.

Asegura Lamery, y se ha comprobado en varios casos, que los asmáticos se curan radicalmente, continuando siquiera tres meses el uso interno de la flor de azufre, *azufre sublimado*.

Son muy usuales y provechosas las siguientes preparaciones.

Bolos sudoríficos.

Flor de azufre, 24 granos. Crémor tártaro, 24 granos. Miel espesa, cantidad suficiente para hacer píldoras grandes para tomarlas en un día, continuándose su uso por quince o más días.

Pomada contra la sarna.

Flor de azufre, una parte. Manteca de puerco, 3 partes para matar las partes sarnosas.

Polvos contra las almorranas.

Azufre en flor, 1 onza. Crémor tártaro, 1 onza. Mézclense bien, y se hacen 8 papeles para tomar uno todas las mañanas.

Desde la antigüedad se ha asegurad que llevando cerca de las ingles un saquito de polvos de azufre a cada lado, se quitan los calambres que padecen por la noche algunas personas débiles y los ancianos.

B

Bálsamo negro o del Salvador. — Es el jugo de un árbol indígena particularmente reconocido en una costa del Salvador, llamada del Bálsamo, y que también se encuentra en algunas comarcas de Honduras. (Myrospermum salvadorense). Su uso facilita la expectoración y fortifica los pulmones en algunos casos de tisis, y en los catarros y toses crónicas. Se aplica con provecho en las heridas poco inflamadas, y en las úlceras antiguas, y especialmente las internas y supurantes.

Algunos autores han recomendado el uso interno de este bálsamo en las disenterías crónicas y ulceraciones intestinales.

El bálsamo se obtiene poniendo las semillas del bálsamo machacadas en aguardiente, dejándolas en maceración por 15 días, y filtrando después el líquido, el cual se usa exteriormente para curar las heridas, y al interior contra los cólicos ventosos, las malas digestiones y el histerismo. La dosis interna del bálsamo puede ser de 15 gotas, dos o tres veces al día.

Berbería o Tecomasuche. — Árbol grande, flores amarillas, que da un fruto como el algodón.

El cocimiento de la cáscara es eficaz contra la disentería, la ictericia y la inflamación crónica del hígado, y contra el hipo obstinado.

Berro. — Planta acuátil, de hojas pequeñas enconchadas, que sobresalen en la superficie de los pozos y charcos. El cocimiento de las hojas, tomado interiormente, es eficaz contra la disentería y la diarrea aguda. También es provechoso contra las enfermedades del hígado. Dosis, una o dos botellas del cocimiento del día.

Burra. — El vulgo usa con utilidad la manteca de burra para aplicarla exteriormente sobre las partes atacadas de dolor reumático.

Es bien sabido que la leche de burra es más ligera y nutritiva que la de otra clase de ganado, y por lo mismo, ha sido recomendada para la asistencia y medicación de los tísicos y de las personas muy extenuadas por enfermedades anteriores; más para obtener de ella los apetecibles resultados, es necesario tomarla en cantidad suficiente, al menos una botella al día, y hacer ejercicio moderado.

C

Cabello de ángel o crespillo. (Clematis vitalba). — Planta bejucosa, bien conocida, que se cría regularmente sobre las cercas, y echa unas panojas de flores en forma de cabellos blancos.

La hoja es un vejigatorio muy enérgico y de mayor duración supurativa que el de cantáridas.

Para hacer los vejigatorios se muele bien la hoja fresca y se aplica la masa en un pedazo de ahulado o de vejiga sobre la parte en que debe obrar, procurando que no permanezca en ella más de cinco horas para que no ocasione una quemadura demasiado profunda.

La ampolla no levanta inmediatamente, sino unas cuatro o seis horas después de haberse quitado el parche.

Con polvos finos de esa hoja, cera, trementina y manteca en cantidades convenientes, se puede hacer un emplasto vejigatorio para usarlo cuando se desee.

Cacao. (Teobroma cacao). — La almendra es bien conocida y de empleo general para el chocolate, que es de bastante alimento, particularmente hervido en leche. Conviene esa bebida a muchas personas débiles y convalecientes de enfermedades del pecho.

La cáscara de la baya o fruta del cacao, hervida en leche y azucarada, ofrece una bebida agradable y conveniente a los tísicos.

El cacao, en lo general, ya sea en pasta o en *pinole*, como artículo de bebida cotidiana, prolonga más la vida que otra cualquiera, teniendo además la cualidad de producir en el cutos, aun de los ancianos, cierta frescura y lozanía que no es fácil de observar en los bebedores de té o de café.

La manteca de cacao es alimenticia y dulcificante. En el ardor de estómago que reconoce por causa de alguna ulceración, se administra con buen resultado una ochava tres veces al día, en un poco de agua caliente.

El chocolate más usual o de salud se prepara de la manera siguiente: Cacao tostado y descascarado enseguida, 1 parte. Azúcar blanco, 2 partes. Muélanse muy bien en una piedra algo calentada y se hacen pastillas de una onza. Dosis, 1 pastilla en 6 onzas de agua, dejándola hervir un rato.

Cerato para las grietas de los pechos y los labios, y para las quemaduras. — Cera blanca, 1 parte. Aceite de almendras, 3 partes. Manteca de cacao, una y media partes. Derrítase para usarlo tibio.

Aparte de las cualidades pectorales y nutritivas del cacao, es un remedio muy recomendable contra la pulmonía o dolor de costado. Los indios de Bolivia reconocen ese remedio como el más poderoso en dicha enfermedad, y lo administran así:

Se tuesta el cacao con la cáscara en cantidad de una libra. Ya tostado, y sin quitarle la cáscara, se muele no muy menudo. Se hace una infusión echando sobre el cacao suficiente cantidad de agua hirviendo, para que el enfermo la tome en el día lo más caliente que pueda, arropándolo al mismo tiempo. Obra esa bebida como un precioso sudorífico y un excelente pectoral alimenticio.

Café. (Coffea arabica). — El entusiasmo que ha formado la bebida del cocimiento de los granos de esta planta y la influencia que ejerce en el cuerpo humano, exigen que se haga de esta sustancia una exacta apreciación.

Las propiedades del café son bien conocidas: acelera la circulación de la sangre; desarrolla un agradable calor en el estómago; favorece la digestión, y vivifica las funciones del cerebro; de suerte que ayuda a los trabajos intelectuales, manteniendo por largo tiempo la vigilia, como que tiene la propiedad de disipar el sueño. Y no solamente tiene la cualidad de favorecer la traspiración, sino que obra enérgicamente sobre el aparato urinario.

Las personas de constitución muy irritable gustan apasionadamente de él, y algunas mujeres lo usan con exceso, aun predisponiéndolas a las convulsiones y a la excitación febril.

Las personas muy sanguíneas pueden experimentar con el uso del café palpitaciones, vértigos, sacudimientos nerviosos en la cara y hasta se ha atribuido al café la tendencia a la apoplejía y a la parálisis. No obstante, varios hombres de letras, como Fontenelle y Voltaire, han hecho de él un uso constante y casi abusivo; por manera que, si es un veneno, es preciso convenir con el primero en que es un veneno lento: estos dos hombres célebres lo han evidenciado. El café tiene la propiedad de combatir los efectos del opio, puesto que disipa el sueño y el sopor. Con su empleo se han visto curar las jaquecas y el asma húmeda. Favorece en las mujeres el periodo menstrual; puede dar vigor a los órganos digestivos debilitados, y combatir la relajación que producen las diarreas. Se cree que es nocivo en las afecciones de la vejiga y de los riñones, a causa del aumento de secreción urinaria que ocasiona. El café es una bebida cuyo poder sobre nuestros hábitos intelectuales y morales acaso no ha podido apreciarse en todo su valor.

Muchos médicos recomiendan el uso del café sin tostar, secándolo al sol y reduciéndolo a polvo para hacer el cocimiento, que no es agradable como el del grano tostado; pero es más eficaz como medicamento.

El tostado del café no es un procedimiento indiferente. Cuando se tuesta demasiado pierde su aroma y sus virtudes. Debe sacarse del tostador tan luego como exhala humo aromático y antes de que se ponga negro.

Últimamente se ha atribuido al café una virtud recomendable contra los catarros crónicos, la tos ferina, la gota, las arenillas, la amenorrea, y para facilitar la reducción de la hernia estrangulada. En este caso se administra al paciente una taza de infusión de café tostado, de cuarto en cuarto de hora, sin pasar de seis tazas.

Hay ejemplos de haberse reducido la hernia estrangulada espontáneamente al administrarse la sexta taza. Se comprende que, en esos casos, la reducción es debida a las contracciones intestinales.

Poción de café contra las fiebres intermitentes.

Café tostado en polvo, 6 ochavas. Agua, 4 onzas. Hágase hervir hasta que se consuma la mitad, y añádase al líquido colado 2 onzas de zumo de limón para tomarlo caliente en ayunas.

El cocimiento fuerte de café, administrado en pequeñas y repetidas dosis, obra muy buenos efectos en la fiebre tifoidea.

Varios médicos alemanes han observado que el tifus y el cólera, o no atacan, o lo hacen en forma benigna, a los individuos que usan el café puro en ayunas.

La sanidad militar de Berlín ha certificado que el polvo fino de café puro, tostado, se emplea con éxito en la curación de las heridas, ya sea para evitar la supuración o para precipitarla si se ha formado el pus.

El doctor Oppier, de Estrasburgo, afirma que es el mejor antiséptico externo para las operaciones quirúrgicas.

El café contiene 38 a 59 por 100 de celulosa. Azúcar, 5 a 7. Oleína, 3 a 5. Sales inorgánicas, 6 a 7. Cafeína, 0,2 a 0,8. Aceite etéreo, indicios. Es un notable excitante del sistema nervioso, y obra especialmente sobre las funciones intelectuales.

La gran cantidad de ázoe que contiene le da un alto poder alimenticio.

En los individuos irritables produce el abuso del café pruritos o picazones en la piel, y temblores en algunos de los órganos.

Calabaza. — Planta rastrera bastante parecida al ayote. De ella hay dos variedades: una de jardín u hortaliza, comestible; y otra de frutos amargos y huevos, que solo sirven para utensilios domésticos.

Las hojas de la segunda variedad, puestas unos momentos en agua hirviendo y aplicadas sobre los tumores agudos, los resuelven con especial eficacia; pero deben aplicarse tibias, tres o más veces al día, y abrigarse la parte en que permanezcan.

Las semillas de la segunda variedad de calabaza son un experimentado remedio contra la solitaria. Deben administrarse dos onzas de pasta de semillas privadas de su primera cubierta, dos o tres días seguidos, y en seguida tomarse tres o cuatro cucharadas de aceite de castor o ricino.

Canchalagua. — Yerba conocida vulgarmente con el nombre de *escoba amarga*. Es aperitiva, estomacal, sudorífica y provechosa contra las lombrices, las calenturas intermitentes y las reumáticas. Se administra la infusión de las hojas a la dosis de medio vaso, dos o tres veces al día. También las hojas secas reducidas a polvo y aplicadas exteriormente, matan a los gusanos de las úlceras. El cocimiento concentrado matará o expulsará a los gusanos de la nariz y de los oídos, aplicado en inyecciones dos o tres veces al día.

Cuando se trata de favorecer el sudor en una fiebre maligna, la administración del cocimiento de las hojas de la misma planta debe ser en forma de té, y arroparse bien el enfermo.

Canela. — Es excitante y útil en desmayos, en los flujos uterinos por debilidad; y con el cocimiento de arroz y goma, contra las diarreas crónicas. Su abuso suele producir palpitaciones del corazón.

Cangrejo. (Cáncer astacus). — Los caldos de ese crustáceo son bastante alimenticios, y su uso por algún tiempo favorece el sueño, y por la misma razón, se recetan a las personas que padecen de desvelos.

Cantáridas (Meloa vesicatorius). — Tenemos en el país una especie de cantárida parda pequeña y otra grande y negra con rayas amarillas longitudinales. Ambas son más activas que la verde extranjera. La primera se cría con abundancia en los meses de junio y julio sobre la planta llamada frijolillo; la segunda ataca a centenares la flor de los frijolares en octubre y noviembre.

Los insectos de que nos ocupamos se conocen por el vulgo con los nombres de *burriquitas* y de *escarabajos*, respectivamente; y son tan cáusticos que basta restregar uno sobre alguna parte del cuerpo para causar en ella, a las pocas horas, una ampolla bien levantada.

La cantárida, al interior, es uno de los venenos más activos. Por el contrario, los vejigatorios que con ellas se preparan en manos prudentes, pueden dominar enfermedades muy graves

Al dar a conocer al pueblo estos insectos para fines loables, es nuestro deber advertir, en favor de la moral, que no faltan gentes burdas y criminales que administran la cantárida a ciertas mujeres con el fin de corromperlas, creyendo, erróneamente, que aquella es un filtro amoroso, cuando en realidad solo es un veneno tan terrible como el arsénico, veneno que, inflamando los intestinos de la infeliz víctima, puede quitarle la vida sin hacerle sentir ningún deseo torpe o deshonesto. Así, ese bárbaro medio de infundir amores, siendo nulo para el propósito, es siempre vituperable y criminal.

Caña de azúcar (Saccharum officinarum). — El cocimiento de la raíz es sudorífico, y es provechoso en las enfermedades del pecho. Se hace el cocimiento de una onza de la raíz en una botella de agua, y se toma tibio o caliente, según los casos.

Cañafístula (Cassia fístula). — Es purgante suave, fresco y acomodado a las personas débiles y a los niños; pero desarrolla ventosidades en los intestinos; y, para evitar ese inconveniente, se le añade al cocimiento un poco de anís. Está recomendado este purgante en las enfermedades de los riñones y de la vejiga, añadiéndole un poco de orozuz.

También se administra ventajosamente esta medicina contra la ictericia y las calenturas rebeldes de recaída que no ceden al sulfato de quinina.

Hemos visto cuartanas muy obstinadas curarse con este medicamento, administrando un purgante formal de él cada día de acceso, al amanecer, en tres o cuatro accesos, o días en que han de verificarse. La cañafístula debe ser nueva y buena. Media caña de regular tamaño se machaca y se cuece en un vaso de agua. Se cuela el cocimiento, y es la dosis del purgante.

Caoba (Suvectinia mahogoni). — Esta madera tiene un principio aromático y amargo que se ha descubierto ser útil para curar las fiebres intermitentes, después de limpiar al paciente las primeras vías. Se ha recomendado para ese fin la fórmula siguiente: Rajitas de madera de caoba, 1 onza. Hojas de llantén, 1 onza. Agua, 1 botella. Se reduce a la mitad por el cocimiento para dos tomas al día hasta cortar la calentura.

Carao (Inga insignis). — La melaza que contienen las celdillas y laminitas interiores del fruto es tónica y depurativa; regulariza la menstruación a las mujeres, y da buen color a las personas que la usan. Las hojas del árbol son algo cáusticas y de mucho servicio al exterior contra los herpes o *jiotes*, y el paño blanco. Las flores constituyen un buen remedio contra la tos de los niños, administrando la infusión de ellas a la dosis de un vaso al día.

infusión depurativa.

Carao machacado, separado de la cáscara exterior, 4 onzas. Agua hirviendo, 1 botella. Se deja reposar cuatro horas; se cuela y administra en todo el día.

Preparación contra los herpes y el paño blanco.

Hojas de carao, 1 onza. Azufre, 1 cuarto de onza. Se muele muy bien y se aplica o restriega por algunos días un poco de esa pasta sobre las partes enfermas.

Carbón de leña o vegetal. — Esta sustancia se administra interiormente en polvo, a la dosis de 24 a 48 granos, contra la fetidez del aliento, y en los casos de ardor de estómago y de vomito. Es también bueno y muy usado para limpiar los dientes.

Al exterior se emplea solo o asociado a la quina para combatir la gangrena. El carbón de álamo blanco se ha recomendado para curar las afecciones nerviosas del estómago y de los intestinos. Hace cesar los dolores, restablece la digestión y permite soportar los alimentos, tomándolo a la dosis de una a dos cucharadas por la boca, después de cada comida.

Pomada contra la sarna.

Manteca de vaca, 3 onzas. De puerco, 3 onzas. Polvos de carbón, 2 onzas. Se mezclan muy bien, y se hacen con ella fricciones sobre las partes sarnosas, cuidando de lavarlas cada día con jabón antes de practicar las fricciones.

El polvo fino de carbón administrado interiormente impide la putrefacción de los intestinos en las fiebres malignas, alivia la timpanitis o aventazón del vientre, la dispepsia o malestar crónico del estómago, y es útil contra la diarrea.

El carbón tiene, entre otras propiedades, la de decolorar los líquidos en que se mezcla; hace saludables las aguas pútridas y desinfecta las sustancias hediondas o corrompidas. Se recomienda el carbón contra la tisis a la dosis de dos a tres dracmas al día tomado interiormente.

Según prácticos respetables, el carbón molido, tomado interiormente, ha producido inesperadas curaciones de gastralgia, *cólico nervioso* y de jaqueca.

El polvo de carbón, aplicado inmediatamente sobre las quemaduras, calma el dolor y favorece la curación. La parte quemada en que se aplique el carbón debe cubrirse con algodón cardado.

Después del carbón de álamo, el que más se emplea es el de encina.

Cardosanto. — Planta espinosa muy conocida, que se cría en los solares de las casas en los climas templados. Tiene la altura de menos de un metro; las flores son amarillas; el fruto es una cápsula angulosa y está llena de pequeñas semillas negras.

Cortando el tallo o las hojas, destila un jugo amarillo que, instalado en los ojos de los que padecen *mal de ojos*, les proporciona mucho alivio.

Las semillas molidas y administradas interiormente a la dosis de lo que contenga un dedal regular de mujer, constituyen un purgante activo, útil contra la hidropesía.

Castaño (Aesculus hippocastanum). — La cáscara es muy astringente, y bastante aconsejada contra las calenturas intermitentes, a la dosis de una ochava de los polvos muy finos, cada tres horas, hasta hacer tomar al paciente onza y media entre dos accesos.

Las semillas o almendras contienen bastante almidón y se prescriben contra las hemorragias o flujos uterinos crónicos. Con este fin, después de pulverizadas, se ponen a hervir onza y media de ellas en seis de agua, hasta que se reduzcan a la mitad, para usarla en dos tomas antes y después de comer.

Polvos febrífugos.

Corteza de castaño en polvo, media onza. De sauce, media onza. De hojas de canchalagua, media onza.

Esta preparación obra frecuentemente como la quina, para curar los fríos y calenturas, después de haberse limpiado el estómago al enfermo, si fuese necesario. La dosis es de dos a tres ochavas al día, administrándola en limonada.

Cabalonga. — Pequeña semilla muy dura. Contiene estricnina, y en dosis considerable es venenosa; pero usándola con prudencia, constituye un precioso remedio contra la terrible enfermedad llamada vulgarmente *mal* o epilepsia. Esta sustancia, además, aumenta las fuerzas digestivas y cura o alivia la parálisis general.

La forma en que puede administrarse sin inconveniente es la que sigue: Buen vino dulce, una botella. Cabalonga en raspaduras finas, una o dos.

Se deja la botella por ocho días al sol. La dosis es una cucharada dos o tres veces al día para los adultos, y proporcionalmente para los niños, según su edad.

Cebada (Hordeum vulgare). — El cocimiento es una de las bebidas medicinales más antiguas para los calenturientos, y la que bien merece el nombre de *tisana*; pero es necesario lavar primero los granos, darles un hervor, botar la primera agua y hervirlos otra vez en la que debe administrarse. El cocimiento acidulado y con azúcar suele ser más agradable y provechoso en algunos casos.

La horchata de cebada produce muy buenos resultados en los enfermos que, a consecuencia de una afección biliosa, sienten desfallecimiento y malestar en el estómago, con síntomas de irritación general.

Excelente bebida para la tos.

Cebada, raíz de malva y saúco, de cada cosa un poco. Se hierven en suficiente agua, se cuela y se endulza. Estando tibia se le agrega una yema de huevo, se mezcla bien y se toma a la hora de dormir.

Cebadilla (Helonía officinalis). — Es venenosa por la veratrina que contiene; interiormente produce, a dosis elevadas, dolores de estómago y vómito, y exteriormente, la inflamación de la piel.

Se emplea exteriormente para matar a los piojos, los gusanos de las úlceras y las lombrices. La dosis interiormente es de 16 a 20 granos para un adulto.

Pomada contra los piojos.

Polvos de cebadilla, 1 onza. De mostaza, 1 onza. Manteca de puerco, 8 onzas. Mézclese bien para untar los lugares en que andan los insectos.

Píldoras contra las lombrices.

Polvos de cebadilla, media onza. Miel, media onza. Háganse píldoras de a 5 granos para tomar de 2 a 6 al día, según la edad del paciente.

Se ha dado también a la cebadilla el nombre de eléboro de América. Es un poderoso sedante arterial; apaga la acción del corazón y reduce a voluntad las pulsaciones, sin gravedad del sistema circulatorio.

En la pulmonía, el reumatismo y la fiebre tifoidea se procura con esta medicina hacer descender el pulso entre 60 y 75, y mantenerlo así.

La mejor preparación de este medicamento es la tintura, y puede hacerse así: raíz seca de cebadilla bien machacada, 1 onza. Aguardiente fuerte, 8 onzas. Se tiene en maceración durante dos o más semanas en una botella bien tapada.

La dosis de la tintura es de 10 a 15 gotas, dos veces al día.

Cebolla común (Allium cepa). — Es excitante, diurética y resolutiva. El cocimiento, tomado interiormente, calma la tos y facilita la expectoración.

Comiéndola cruda descompone el aliento, irrita el estómago y excita deseos torpes. Por eso no la usan así las personas educadas.

Sin embargo, recientemente se ha descubierto un afamado tratamiento de la hidropesía por medio de la leche y le da cebolla cruda. Cuatro o más de estas se machacan y se mezclan con botella y media de leche fría para que el paciente la tome en todo el día, lo que se repite hasta curarse.

Cataplasma resolutiva.

Cebollas asadas entre la ceniza caliente, 4. Harina de mostaza, 1 onza. Jabón común, 1 onza. Agua, cantidad suficiente. Se cuece hasta la consistencia de cataplasma y se aplica sobre los tumores indolentes.

Cera común purificada. — Tomada interiormente es dulcificante, emoliente y laxante. Para aplicaciones extremas, forma la base de algunos ungüentos, y especialmente, del amarillo o supurativo, que es tan usual para mantener la supuración en las úlceras, y se prepara del modo siguiente:

Cera, 3 partes. Trementina, 3 partes. Manteca de puerco, 16 partes. Se derriten juntos, se cuela el líquido, y cuando se ha puesto tibio, se le añade una yema de huevo y se mezcla muy bien para el uso.

Ciprés (Cupressus pyramidalis). — La madera es sudorífica, diurética y astringente. Los frutos son también astringentes. Se puede usar asimismo el cocimiento suave de las hojas.

Ciruelas. — Las de invierno particularmente son purgantes. Cocidas y maduras pueden sustituir a los tamarindos, y convienen a las personas que no evacuan bien del vientre. En las disenterías pútridas son de mucho provecho. Las hojas del árbol son astringentes, y friccionando con ellas las partes sarnosas, se calma en ellas la comezón y el ardor. La goma del mismo árbol puede suplir muy bien a la arábica.

Coco (Cocos nucifera). — El licor que contiene el fruto es un agradable refrigerante que prueba bien a las personas que padecen de la vejiga y flujos de sangre, especialmente hemorroidales.

El cocimiento de la estopa es un buen astringente para usarlo al interior contra los mismos flujos cuando se han hecho crónicos.

La carne del fruto, molida con agua, es un remedio eficaz contra la solitaria, pero a condición de que el paciente solo se alimente con esa pasta durante cuarenta y ocho horas, y al fin de ellas tome un purgante de aceite de castor. Se ha observado que el uso muy frecuente del agua de coco apaga los deseos amorosos y disminuye el poder generativo.

Cola de alacrán (Heliotropium indicum). — Planta común cuyas hojas son arrugadas y vellosas.

El cocimiento de las hojas es una bebida conveniente en los catarros y en los dolores de costado o pulmonías, en los reumatismos, en el sarampión y en la viruela.

Col (Brassica oleracea). — No tiene uso en la medicina interna; pero el jugo, mezclado con miga de pan, aplicado sobre la frente y las sienes en forma de cataplasma, alivia el dolor de cabeza.

El jugo de la col, fermentado por dos días y usado con aceite en la cena, produce sueño.

Cominos. — Esta especie es acaso la más activa para expeler las ventosidades del estómago. También es excitante. Se usa la infusión o el cocimiento, y es eficaz remedio contra los pujos blancos (diarrea mucosa).

Para preservarse de la picadura de los mosquitos y zancudos, basta poner una cucharada de cominos en una palangana con agua durante dos horas y lavarse con esa agua las manos y la cara, que son las partes expuestas a las picaduras de tan molestos insectos.

Quemando la misma cantidad de cominos dentro de un aposento, desaparecen los mismos insectos.

Contrayerba (Dorstenia brasiliensis). — Es sudorífica, conforta el corazón, obra contra los venenos coagulantes, las fiebres malignas y las lombrices. Es diurética y aumenta la leche a las mujeres que crían. La dosis del polvo al día puede ser de 24 a 48 granos. Del cocimiento puede administrarse media botella cada día.

Copalchi (Strychnos pseudoquina). — La cáscara es amarga, tónica y de un uso popular contra las calenturas intermitentes o comunes. Con la administración del cocimiento en pequeña dosis, tres veces al día, se han curado agruras del estómago y malas digestiones que no habían cedido a otros remedios.

Para detener el curso de las hidropesías ocasionadas por largas convalecencias o enfermedades no tiene igual. A propósito, referiremos, entre otras cosas, el de una señora de sesenta años, que, teniendo ya la cara y los pies hinchados, padeciendo sofocaciones nocturnas, con tos obstinada y todos los síntomas de una hidropesía del pecho, sanó perfectamente a beneficio del uso continuado del cocimiento de la cáscara de dicha planta. Pero es bueno observar que esa medicina no surte sus buenos efectos cuando hay inflamación en el estómago o en el hígado; y que tomado con exceso produce malestar y disentería. Las personas que acostumbran a mascar la cáscara del Copalchi conservan muy bien la digestión y la dentadura.

Copalillo o limpiadientes. — Es una variedad del palo jiote, aunque más pequeño, y que da por incisiones la resina o goma llamada copal que, quemada, exhala humo muy aromático, y es igual en sus propiedades al alcanfor. La resina de ese árbol, aplicada en parches a las sienes, la frente u otras partes dolientes, a consecuencia de resfriados o reumatismo, obra como calmante y resolutivo.

El cocimiento de las semillas del árbol es un buen remedio contra los flujos sanguíneos del útero o del pecho, y para detener el abordo en los casos posibles.

El parche de la resina de copalillo aplicado sobre la región del bazo favorece la curación de las inflamaciones crónicas de ese órgano, y de las calenturas cuartanas, que regularmente les sirve de origen. El té de los cogollos del copalillo es agradable y provechoso contra las enfermedades de la vejiga.

Cordoncillo (Piper angustifolium). — Arbusto de tallos delgados y nudosos. La hoja es consistente y mediana; los frutos tienen la figura de un cordoncillo y son picantes y aromáticos. Se curan algunos fríos y calenturas bebiendo el paciente, como tisana, el cocimiento de la raíz de la planta. La cataplasma de la hoja o del cordoncillo molidos resuelve la inflamación crónica de los pies (elefantiasis) ocasionada por erisipelas repetidas. El cocimiento de la hoja o de los cordoncillos, tomado interiormente, cura los flujos de sangre.

La planta de que nos ocupamos pertenece a las *piperineas*; sus cualidades son análogas a las del *mático*. Por lo mismo, la infusión de las hojas se administra como bebida contra la blenorragia o purgación, la diarrea y la disentería.

El polvo de las hojas, aplicado sobre las heridas, detiene en ellas la hemorragia.

Entre los indios peruanos goza de celebridad esta planta como astringente y afrodisiaca, excitante de los deseos amorosos.

Coyol (Acrocomía sclerocarpa). — El vino que se saca del árbol es muy agradable cuando es reciente; aviva los deseos venéreos; excita y aumenta la orina; favorece la menstruación y hace fecundables a las mujeres estériles.

No conviene el uso de ese vino en las enfermedades del pecho.

Las almendras o semillas del coyol, bien molidas con agua, proporcionan una horchata pectoral muy agradable si se le mezcla azúcar; pero es de difícil digestión.

La almendra contiene mucho aceite, que puede usarse para condimentar los alimentos, para el alumbrado y para las fábricas de jabón.

Cuerno de ciervo o cacho de venado. — Es un remedio corroborante, recomendado contra la ictericia, las lombrices, las fiebres, la melancolía, los males de nervios, en general, y la disentería. El polvo de cuerno quemado es sudorífico, y, como tal, entra en las tisanas de su género; es bueno para detener los flujos de vientre, las hemorragias, y para corregir las agruras de estómago.

Cocimiento.

Raspaduras finas de cuerno de ciervo, 1 onza. Agua, 1 botella. Se hierve hasta reducirla a la mitad. Es la dosis para todo el día. La de cuerno, quemado en polvos, es de 2 cucharadas al día en agua de arroz o agua común.

Culantrillo (Adiantum capillus). — Es pectoral, emoliente, y se emplea en los resfriados y en la tos crónica. El cocimiento es bebida muy usual en las recién paridas. También conviene usarlo contra la tisis y en la viruela.

Culantro (Coriandrum sativum). — Se usa la simiente para expeler las ventosidades de los intestinos, y mascándola, corrige el mal aliento.

El cocimiento de la raíz de culantro silvestre o de monte es provechoso contra algunas diarreas y enfermedades del vientre.

La siguiente tintura está probada para curar los cólicos ventosos. Culantro molido, ajonjolí, anís, hinojo y cáscara de naranja dulce, de cada uno 2 dracmas. Se infunden en una botella de aguardiente y se deja al sol, bien tapado, por ocho días. Dosis, 1 a 2 cucharadas por mañana y tarde.

Culebras. — Acaso todas ellas tengan virtudes más o menos medicinales; pero en el país solo se usa la llamada cascabel o de sonaja.

Los polvos de esa culebra son sudoríficos, muy recomendados en el tratamiento de las calenturas malignas, contra el mal gálico o sifilítico y contra las enfermedades de la piel. La dosis del polvo es de 2 dracmas al día.

Para sudor se usa el cocimiento, y si se le añade cacho de venado y zarzaparrilla, su efecto es maravilloso en los casos de sífilis consumada o hereditaria.

El polvo de culebra es uno de los componentes de la célebre triaca.

Para los usos medicinales, la culebra se prepara de la manera siguiente: se le corta una cuarta de ambos extremos, los cuales se botan; se le quitan la piel y las tripas, y se asan bien hasta que se tuesten. Así se guarda y puede durar bastante tiempo.

Los antiguos tuvieron como cierto que el polvo de la piel de la culebra curaba las úlceras y heridas, aplicándolo sobre ellas.

Se ha visto usar, con buen efecto, contra el encogimiento de tendones y nervios, las unturas de la manteca de culebra boba o boa sobre las partes lisiadas.

Se han visto también casos de sífilis o gálico confirmado, antiguo y rebelde a todo tratamiento ceder a la administración de los polvos de cascabel por tiempo indefinido. Se administran del polvo dos ochavas al día. Los polvos se obtienen moliendo los huesos y la carne del cascabel, tostados al fuego.

Quizá la tintura de los polvos de cascabel preparada en vino sería más manejable para la administración de este medicamento.

CH

Chichicaste. — Véase ortiga.

Chichimora. — Fruto redondo, aplanado, que contiene dentro una almendra bastante aceitosa. Es un excelente purgante contra las hidropesías. Dieciséis o más granos de los polvos de la almendra hacen un efecto satisfactorio. También surte buenos efectos esa medicina en los cólicos biliosos y en la ictericia.

Chichinguaste. — Planta pequeña, algo aromática, bien conocida, y que se cria en los rastrojos. El cocimiento de la raíz es útil contra las gonorreas; el de la hoja, para lavar las heridas y para baños aromáticos contra el reumatismo y las enfermedades nerviosas.

D

Danta o tapir. — Cuadrúpedo de nuestras montañas bien conocido. El caldo de los huesos, con parte de la carne, según se sala la de res, constituye un buen remedio que usan mucho algunas gentes del pueblo contra el reumatismo, especialmente el nervioso. Esta medicina obra como sudorífica y reconstituyente.

Doradilla (Asplenium ceterach officinarum). — Es astringente y tónico ligero. El cocimiento de esta planta alivia la tos catarral y la enfermedad de los riñones, y es benéfica contra la inflamación del bazo. Es también un suave diurético. Dosis, una botella del cocimiento al día.

Durazno (Pérsica vulgaris). — El cocimiento de las hojas es un purgante suave, muy propio para los niños, con la ventaja de que al mismo tiempo que los purga, les mata las lombrices. Se administra el cocimiento así: hojas de durazno, onza y media. Agua, dos vasos. Se hierven hasta que se reduzca a uno. La dosis referida, con o sin azúcar, es la purga para un adulto. La de los niños debe proporcionarse según su edad.

E

Encina (Quercus ilex). — Árbol de madera fuerte muy común en nuestros bosques. Hay encina de cáscara roja y otra de cáscara blanca. La infusión fría de un poquito de la cáscara de la primera por algunos días es muy buen remedio contra las diarreas crónicas. Para las aplicaciones que siguen se usa la encina de cáscara blanca.

La cáscara es astringente, y el cocimiento de ella, administrado como bebida, detiene los flujos de sangre y los blancos. Sirve también para inyecciones en los mismos casos, especialmente para las mujeres.

El musgo o moho que cría la encina sobre la cáscara, cocido en leche, es de mucho provecho contra la tos obstinada de los adultos y contra la convulsiva de los niños. La almendra de los frutos, tostada y administrada en forma de té, por algunos meses, constituye un excelente remedio contra la tisis y el esputo de sangre o hemoptisis.

Escorzonera (Eryngium campestre). — Raíz o tubérculo parecido a la contrayerba, pero más grande y algo redondo.

El cocimiento o los polvos de la raíz favorecen la menstruación y el corrimiento de la *purga* o loquios de las mujeres paridas cuando se les suprimen. Se ha visto producir esa medicina admirables efectos, aun estando la paciente con fuerte calentura y casi perdiendo el juicio.

Contra la ictericia es muy recomendable. A pocos días de tomar el enfermo suficiente cocimiento, desaparece el color amarillo de la piel, y vuelve el apetito y la salud.

En un reciente caso de tos convulsiva, complicada con ictericia, se hizo administrar al niño el cocimiento de esa raíz por cuatro días, y con sorpresa, se vio desaparecer la tos que ocasionaba repetidos accesos. Es digna de nuevos experimentos esa importante medicina.

Espino blanco (Acacia alba). — Los polvos del fruto o su resina sirven para curar algunas úlceras secretas y de la boca, aplicándolas sobre ellas.

Según un respetable escritor hondureño, don León Alvarado, el cocimiento de la raíz es un antídoto seguro contra la mordedura de las culebras, administrado interiormente y en baño sobre el lugar mordido. También es bueno en muchos casos de tos envejecida.

La goma del árbol tiene las mismas cualidades de la arábica; el cocimiento de ella está muy indicado como bebida en las enfermedades catarrales, en las disenterías y las diarreas. El mucílago espeso, aplicado exteriormente, cura las grietas de los labios y las de los pechos de las mujeres. El cocimiento de la goma y el llantén es excelente contra el ardor de la orina.

Los árabes y los moros se sirven de esa goma para alimentarse; y como en nuestros campos abunda, las gentes pobres encontrarán en ella un buen recurso, particularmente en tiempo de escasez de víveres.

Estoraque o incienso. (Amyris odorata). — Es la goma resina que produce el árbol de cáscara lisa llamado ginicuite o palo de giote. Es el resolutivo más experimentado para vencer la inflamación crónica de los testículos y otras análogas. Para ello se hace un parche de la manera siguiente: se muele bien el estoraque o incienso y se humedece con aguardiente fuerte hasta que se forme una especie de goma blanda. En tal estado se extiende en un pedazo de lienzo y se mantiene aplicado sobre la inflamación hasta que se resuelva.

Eucalipto. (Eucaliptus globulus macracrapa). — Árbol grande de hojas cenicientas y aromáticas. Tiene la especial virtud de absorber en sus hojas el miasma palúdico que ocasiona las fiebres intermitentes, contra las cuales también se administra con buen éxito la tintura fuerte de las hojas a la dosis de tres pequeñas cucharadas al día. Puede recetarse con el mismo fin el polvo o el cocimiento de las propias hojas.

En las comarcas pantanosas, las plantaciones del eucalipto han hecho desaparecer las fiebres intermitentes. Parece que las plantaciones en círculo precaven de las fiebres a una distancia de doscientas varas.

Se ha descubierto recientemente que se cura el romadizo o catarro común, por fuerte que sea, mascando las hojas del eucalipto y tragando la saliva amarga y aromática. El efecto de esta medicina es seguro, según el Dr. Rodolfo, fundado en su propia experiencia.

También se hacen cigarros de las hojas secas, y se fuman para aliviar la tos crónica y el asma.

Excremento de ganado vacuno. — La maceración de esta sustancia en agua común usada en baños, fortalece de tal manera a las personas tullidas, especialmente a los niños, que muchos de estos, que no podían andar a consecuencia de su extenuación, han podido hacerlo después de haber sido bañados unas cuantas veces con la enunciada maceración. El baño puede prepararse de la manera siguiente: en una tinaja de mediana capacidad se ponen dos libras de excremento seco de vaca; se llena de agua la tinaja, dejando en ella en maceración el excremento por doce horas, se cuela enseguida el líquido, con él se baña al paciente, y se le tiene arropado por un cuarto de hora. Estos baños deben repetirse por algunos días.

F

Frailecillo o sauco montés. — Pequeña planta, propia de los climas templados. El tallo es nudoso; las hojas, divididas en tres segmentos dentados; el pedúnculo de la hoja es velloso, y el fruto una cápsula lisa de seis celdillas separadas.

Es un activo vomipurgante que mata a la solitaria si se administra debidamente. Para ello se prepara como sigue: muélanse bien 10 o 12 hojas de la planta según su tamaño o las circunstancias del enfermo, y la masa que resulta se diluye en un poco de cocimiento de anís; se cuela y se administra en ayunas.

Friega-plato. — El uso del cocimiento de la raíz de esta planta purifica la sangre; es, hasta cierto punto, sucedánea de la zarzaparrilla, y por eso el pueblo se sirve de ella para curar las bubas y otras enfermedades eruptivas, aún en los casos de viruela, cuya erupción benigna favorece.

La mencionada planta es generalmente conocida. Hay dos variedades de ella: la usual es la que echa flores blancas en panoja, y que tiene espinas, tanto en los ramos como detrás de las hojas. La eficacia de esta medicina puede conocerse aún por el hecho de que a las gallinas se les curan las bubas haciéndolas tragar por algunos días píldoras de las hojas bien molidas de esta planta.

El cocimiento de la raíz es el que se prescribe a las personas, y se hace de la manera siguiente: hiérvase una onza de la raíz de la planta en una botella de agua y se cuela el líquido para administrarlo en el día.

Frijolillo. — La hoja de esta planta, por su olor fuerte, es de mucho servicio en los abatimientos nerviosos, especialmente contra el histerismo o *mal de madre*, como lo llama el vulgo. En este caso se dan a oler las hojas restregadas a la paciente, y al mismo tiempo se le aplica una cataplasma de ellas sobre el estómago y se le administra la infusión de la raíz.

Las semillas del frijolillo, tostadas como el café, proporcionan en infusión caliente una bebida semejante a la del café, y favorable para las personas nerviosas.

Fuego. — El fuego, aplicado con prudencia exteriormente, es un poderoso remedio en muchos casos.

Para impedir las funestas consecuencias de las mordeduras de culebras, de animales rabiosos, de la pústula maligna o *mala ampolla*, y las picaduras de los insectos ponzoñosos, se pone a enrojecer al fuego un instrumento de hierro a propósito, y con la punta se quema la herida en toda su extensión y profundidad. Igual procedimiento puede emplearse con las úlceras fungosas y rebeldes.

Bien lo sabe el vulgo, y es un hecho que se alivia el ardor de las quemaduras recientes arrimando al fuego por momentos las partes quemadas.

También, con un martillo de boca ancha y plana, manteniéndolo un rato en agua hirviendo, y aplicándolo de momento sobre alguna parte del cuerpo, se forma en ella una ampolla, produciendo los mismos efectos que un vejigatorio de cantáridas; y así, este medio sencillo, ofrece un recurso a los pobres para salvar la vida a los enfermos de dolor de costado y de fiebres letárgicas.

G

Garbanzos. — El cocimiento de ellos, tomado durante algunos días, mata las lombrices, aumenta la orina y es útil contra el mal de piedra o arenillas.

Garza. — La pluma fina que la garza tiene en los senos, aplicada como hilas sobre las úlceras o heridas, es un remedio experimentado para curarlas. La carne de la garza es un aliento repugnante y dañoso.

Gelatina. — Es el cocimiento espeso o concentrado de los cartílagos o de las patas de la res. Alimenta bastante sin fatigar el estómago a las personas débiles. Con su uso interno se espesa la sangre, y por lo mismo, contribuye a la curación de los flujos crónicos de sangre y de las calenturas intermitentes.

Gengibre (Zingiber officinale). — Es tónico, estimulante y útil en los casos de debilidad y en la hidropesía. Dosis del polvo, una dracma.

Ginicuite o palo giote (Terebintus americana). — El uso del cocimiento de la cáscara favorece la curación de las hidropesías, y tomándolo habitualmente, se opone a la obesidad o demasiada gordura de las personas propensas a ella; pero es en las mordeduras de culebra en las que obra benéficamente y como por encanto esta medicina. Tan luego como se verifica la mordedura de culebra, se lava muy bien con agua bastante salada, y se aplica sobre ella una cataplasma de la cáscara de ginicuite bien molida; al mismo tiempo, el paciente tomará como bebida en el día el cocimiento de la misma cáscara, debiéndose renovar la cataplasma a cada seis horas. Si se adopta oportunamente este remedio, se impide con él la inflamación y la gangrena que ocasionan la muerte a los pacientes.

En los casos de gangrena externa, las referidas cataplasmas, aplicadas sobre 1 aparte gangrenada o amenazada de gangrena, se oponen a una terminación fatal.

Geranio. — Lavándose con el agua de esta preciosa planta, se curan las llagas cancerosas envejecidas.

Grana o cochinilla. — Insecto que se cría y alimenta en el nopal o tuna. Es astringente y calmante, con particularidad en la tos de los niños; también es sudorífica, y administrada interiormente, se opone a la terminación funesta de las fiebres malignas. Es útil, asimismo, contra las disenterías y para impedir el aborto. La dosis es de 30 a 40 granos dos o más veces al día.

Granado (Malus púnica). — La flor y la cáscara del fruto son astringentes. La administración del cocimiento suave prueba bien en algunos flujos de sangre y en las diarreas crónicas.

La cáscara de la raíz del granado, mejor si es reciente, es un veneno activo contra la solitaria y las lombrices. Se cuecen dos onzas de la cáscara de la raíz en suficiente cantidad de agua hasta que se reduzca el cocimiento a media botella, del cual se hacen tres tomas para administrar una cada dos horas. Puede usarse dos días esta medicina, y al tercero se administrará un fuerte purgante de aceite de castor.

Behman ha aconsejado la administración de los polvos de la corteza del fruto del granado para curar las calenturas intermitentes comunes, a la dosis de 24 granos, tres veces al día.

Guacamaya o espantalobos (Colutea arborescens). — Arbusto generalmente conocido, de tallo espinoso, de hojas compuestas y de flores en panoja. Hay dos variedades de esa planta: una que da flores de color rojo mezcladas de amarillo, y otra de flores amarillas. La hoja de este arbusto es purgante como la de *sen*, y el cocimiento de la cáscara, tomado al interior, es un buen remedio contra el flujo uterino de sangre, y al exterior contra las escoriaciones de la boca y de las partes sexuales.

Guácimo o caulote. — Arbusto propio de los climas templados y cuyos frutos son pequeños, un tanto dulces y secos, con grietas y granulaciones ásperas en la superficie. El cocimiento de la cáscara, como emoliente, es superior al de la linaza o goma, y da satisfactorios resultados contra la disentería, las evacuaciones mucosas y sanguíneas, administrándolo a la dosis de una botella en las doce horas del día, y aplicándolo a la vez en lavativas.

Puede usarse este medicamento dos o más veces al día, y su buen efecto es más estable y seguro si antes de su aplicación se da la ipecacuana al paciente según esta fórmula: disuélvanse cuarenta granos de ipecacuana en ocho cucharadas de agua común, y se administra una cucharada cada hora, cualquiera que sea la repugnancia del enfermo.

El cocimiento de los frutos machacados del caulote es excelente como sudor y como agua a pasto en las enfermedades inflamatorias, y especialmente en el dolor de costado.

Guaco (Enpatorium mikanea guaco). — Las hojas y las raíces de esta planta o *bejuco* son igualmente medicinales. La infusión, o mejor el cocimiento fuerte de la raíz, se ha recomendado contra la rabia, la mordedura de las culebras y la picadura de insectos ponzoñosos. Produce también buenos efectos en las indigestiones crónicas, en la bronquitis del mismo género y en los reumatismos.

Los médicos antiguos recomendaban el guaco como sudorífico para aumentar la orina; y en efecto, graves retenciones de orina se han vencido dando al enfermo algunas tomas del enunciado cocimiento.

Se han alabado mucho, tal vez con razón, las virtudes del guaco como preservativo del cólera asiático, usado en tintura.

Desde la antigüedad se ha tenido como cosa experimentada, que, tragándose una o dos onzas del jugo de las hojas del guaco, bien molidas y exprimidas, y untándose las manos con el mismo jugo, pueden manejarse las culebras sin ser mordidos por ellas. Es también tenido como cierto que a las personas que acostumbran a usar interiormente el guaco no les pican las chinches ni otros insectos que gustan de la sangre humana.

Donde puede conseguirse el guaco verde o fresco, es el jugo de las hojas o raíces, machacadas y exprimidas, el que debe emplearse con seguridad contra el veneno de las culebras y de los insectos ponzoñosos. Se administran al interior cinco o más cucharadas del jugo, una cada hora, y se aplica el mismo jugo o una cataplasma de las hojas del guaco sobre la parte dañada.

Los negros de Bogotá, cuando quieren preservarse de ser mordidos por las culebras, y adquirir la facultad de llevar esos peligrosos reptiles, proceden de este modo: se hacen dos incisiones, una sobre cada mano, en los pies, y a uno y otro lado del pecho, y se aplican sobre ellas el jugo del guaco.

Antes de esta operación, el prevenido toma dos cucharadas del jugo, debiendo repetir esa dosis todos los meses durante cinco o seis días, porque sin esa prevención pierde su eficacia el preservativo.

Guacucos. — Son unos pequeños frutos aromáticos procedentes de un arbusto del mismo nombre.

El cocimiento de ellos es provechoso en la disentería mucosa (*pujo*), y la gente del pueblo lo usa siempre con ventaja.

Gualiqueme o pito (Heritrina corallodendrum). — El cocimiento de la cáscara es calmante y suave narcótico que, como la lechuga, facilita el sueño sin los inconvenientes del opio. Administrado caliente en suficiente dosis hace correr la orina en caso de supresión.

Dos médicos salvadoreños publicaron hace pocos años haber usado con acierto el extracto de gualiqueme en la disentería, las hemorragias, los diviesos, las hidropesías, los catarros, los dolores de cabeza y contra los desvelos.

Guanacaste o conacaste (Enterolobium cyclocarpum). — Las cataplasmas del fruto, bien molido, y aplicadas con oportunidad sobre una parte del cuerpo mordida de culebra, impide las malas consecuencias del veneno. Al mismo tiempo, puede darse a beber al paciente el cocimiento de la cáscara del árbol.

Guapinol. Popinol o algarrobo de las Antillas (Himenaca combaril). — El cocimiento de la cáscara del árbol es un sucedáneo de la quina, y como tal, es uno de los mejores remedios para curar la inflamación crónica del bazo. Dos dracmas de la cáscara se cuecen en media botella de agua para tomarla en el día antes de las comidas. Es remedio usado por el pueblo.

Hiel de buey o de vaca. — Administrada interiormente es tónica y útil para las personas que tienen el estómago débil y las digestiones penosas. En algunas ictericias proporciona mucho alivio.

Como remedio externo está recomendado contra el dolor de oídos acompañado de ulceración y corrimientos de materias. Para este fin, se disuelve la hiel en agua tibia y se echan inyecciones en el oído.

Un lienzo empapado de hiel y puesto sobre el bazo inflamado es un buen remedio externo.

Interiormente puede administrarse este medicamento en la forma siguiente: hiel espesada por la acción del sol, una dracma. Jabón medicinal, una dracma. Mézclense bien y se hacen 60 píldoras, para tomar seis u ocho al día.

Hierro. — Este metal honra a la medicina por sus buenos efectos en muchas enfermedades; y la manera más fácil de usarlo es en limaduras finas.

El hierro es muy provechoso contra los colores pálidos, las debilidades en general y las obstrucciones. Para las señoras es una preciosa medicina, particularmente en nuestros climas, en que, por el calor, la humedad y otras causas sufren tanto de los nervios y de malas digestiones. Cura en, en algunos casos, la infecundidad, los flujos blancos y la inflamación del bazo.

Polvos tónicos.

Limaduras finas de hierro, 12 granos. Azúcar, 24 granos. Se trituran o mezclan perfectamente y se dividen en dos papeles para tomar uno en el almuerzo y otro en la comida.

Higuerillo (Ricinus comunis). — Planta común, de tallo hueco y de hojas bastante grandes. El aceite que se extrae de las semillas es el que se vende en las boticas con el nombre de aceite de castor, palma, cristi o ricino. Es un purgante suave de administración preferente en los cólicos, en las indigestiones violentas, acompañadas de convulsiones, y contra las lombrices. En los romadizos o constipados, se ha visto desaparecer el dolor agudo de la frente aplicando sobre ella una venda empapada de aceite de castor mezclado con sulfato de quinina, y teniéndola puesta por tres o cuatro días.

La cataplasma de las semillas, mezcladas con aceite común, llevándola sobre el bazo inflamado por algún tiempo, lo reduce a su volumen natural.

La dosis del aceite de higuerillo como purgante es de tres a cuatro cucharadas en los adultos, y proporcionalmente para los niños. Las semillas son venenosas dadas en bastante cantidad; pero cinco o seis almendras privadas de la cáscara, y tragándolas bien mascadas, purgan regularmente.

El aceite es desinflamante de los intestinos, y muy útil en el mucle o diarrea verdosa de los niños de pecho.

Los pobres pueden sacar el aceite de higuerillo del modo siguiente: la semilla, bien soleada y seca, se despoja de la primera cáscara, se muele bien, se echa la masa a hervir en agua, se va recogiendo la espuma que se forma y esta se cuece por separado a fuego lento en trasto limpio y adecuado.

Cuando ya no contiene agua, se retira del fuego, se deja enfriar, y, por último, se cuela con cuidado para separarle el asiento o suciedades. El aceite así obtenido es algo amarillo, pero de muy buena calidad como purgante.

Hongos de palo seco. — En tiempos lluviosos o en los bosques muy húmedos, se crían en la madera seca ciertos hongos en forma de oreja, de color blanco, negro o rojo. Los dos primeros carecen de aplicación como remedio, y aún se consideran como venenosos; pero los rojos constituyen una recomendable medicina contra las hemorragias o flujos de sangre, especialmente los del útero, obrando a la vez como astringente y calmante, semejante al centeno de cornezuelo. Para administrar esa medicina se cuecen en dos vasos de agua seis u ocho de los hongos rojos hasta que el cocimiento se reduzca a un vaso, y de él se hacen tres dosis para que tome el paciente una cada tres horas. Puede repetirse este remedio por algunos días, el cual da también buenos resultados para contener el aborto en las embarazadas cuando aún es posible.

Hipericón (Tegetes lúcida). — Posee virtudes bastante apreciables contra los males de nervios, el reumatismo y el flato. Es también provechoso a los que arrojan sangre de los pulmones; y parecerá una contradicción, promueve eficazmente el aparecimiento de las menstruaciones a las mujeres a quienes se les ha suprimido por desarreglos.

Dosis de la planta, una cuarta de onza en infusión. Para las mujeres embarazadas no conviene porque es abortivo.

Hollín. — El hollín de las cocinas, como medicamento interno, es eficaz para matar a las lombrices.

Puede administrarse una dracma por mañana y tarde en un poco de café azucarado.

Aplicado en pomada al exterior cura varias enfermedades de la piel, como los herpes, la tiña, etc.

Pomada.

Hollín, 2 onzas. Claras de huevo, cantidad suficiente. Se baten juntos, y se aplica dos veces al día a los herpes y a la tiña, contra los cuales está recomendada.

Hormigas. — Las hormigas comunes, las llamadas zompopas, y más aún las *guerreadoras*, son muy excitantes tomándolas interiormente. Están aconsejadas contra la impotencia, la apoplejía y la escasez de orina. Producen también alivio en la parálisis, aplicándolas en cataplasmas sobre los miembros enfermos.

Espíritu de hormigas.

Hormigas cogidas en junio o julio, una onza. Aguardiente fuerte, 3 onzas. Póngase la botella al sol por ocho días y fíltrese. Dosis, 10 o 15 gotas, dos o tres veces al día.

Aceite de hormigas.

Hormigas, 4 onzas. Aceite común, 8 onzas. Pónganse en un frasco; déjense al sol por ocho días y cuélese. Se usa en fricciones y se ha recomendado para fortificar las partes sexuales y los miembros paralíticos, untando dos o tres veces al día las partes respectivas.

Huevos de gallina. — La clara disuelta en agua tibia y bebida, con azúcar o sin ella, es un líquido alimenticio, suave y provechoso en las disenterías, en las enfermedades biliosas y en los envenenamientos,

Los polvos de la cáscara de huevos, secada al sol y bien molida, tomados a la dosis de una ochava, dos veces al día, curan el ardor y la acidez del estómago. El alivio es seguro si al mismo tiempo se evitan las sustancias ácidas, las frutas, la carne salada y las comidas indigestas.

Con la yema de huevo se prepara una pomada resolutiva de la manera siguiente: manteca de cerdo, una onza; yemas de huevo, dos; se baten bien para el uso.

Alfonso Servi recomienda esa pomada para aplicarla sobre el bocio o *güegüecho*, y asegura haber resuelto con ella algunos de esos tumores, perseverando en la aplicación dos o tres meses.

La yema del huevo, friccionada sobre la piel de la cabeza, destruye la caspa, debiendo lavársela dos horas después de la fricción. La operación debe repetirse por algunos días.

Muchas personas atacas de ictericia se han curado, tomando en ayunas por ocho o más días tres o cuatro yemas de huevo batidas en caldo o en agua de azúcar.

Conviene tomar los huevos crudos a los que padecen de la vejiga, retención de orina e ictericia.

En los casos de erisipela maligna, es buen remedio la aplicación del huevo crudo bien batido sobre la parte enferma.

La yema de huevo, batida en agua azucarada tibia, es un precioso alimento parecido a la leche, y muy propio para los extenuados. Puede aromatizarse esa bebida con canela, agua de azahar, etc., y así es hasta deliciosa.

No hay mejor calmante externo para las quemaduras que la clara de huevo bien batida, aplicada con frecuencia sobre la quemadura. Es más refrescante que el colodión, y de acción más eficaz que el aceite de almendras y el algodón cardado.

La clara de huevo bien batida, con azúcar, y bebida, es un remedio casi infalible para la disentería, y el emoliente más eficaz contra la inflamación del estómago y de los intestinos.

Las cataplasmas hechas con clara de huevo y alumbre, batidos juntos, aplicadas frías sobre la región de los riñones, detienen prontamente el flujo uterino, y muchas veces el aborto.

I

Iguana común (Lacerta iguana). — Es un reptil que, aunque de mal aspecto, proporciona en su carne un alimento bastante bueno, y remedio muy recomendable desde la antigüedad como sudorífico y antivenéreo.

Hay de la iguana dos especies: una parda, que vive en la tierra y en los escombros, y otra verde, que habita en las riberas y árboles de los ríos. Creemos que la primera sea la mejor, pues la segunda no la comen las gentes.

Los caldos preparados de la iguana, y tomados interiormente, son provechosos contra los herpes o *jiotes* y otras enfermedades de la piel.

Desde tiempos remotos se aconsejó el uso de esta medicina para impedir los funestos efectos del cáncer, y hace algunos años que un acreditado doctor guatemalteco recomendó sus virtudes contra esa indomable enfermedad a una academia médica extranjera, que acogió sus observaciones con especial interés.

No hemos tenido ocasión de hacer un serio y continuado examen sobre las virtudes de la iguana contra el cáncer, pero, juzgando por razonables inducciones, tenemos el convencimiento de que usado como artículo de dieta, es reptil en suficiente cantidad todos los días y por algún tiempo, se conseguirá mejorar la sangre y atenuar el veneno canceroso, y por este medio, salvar la vida del paciente, como se consigue en algunos casos tomando cada día, por varios meses, media onza de polvos de zarzaparrilla.

Los antiguos hablaron de una piedrecilla que crían en el estómago algunas iguanas, compuesta como de escamas color algo pardo, de la cual hacían uso en los males de orina, atribuyéndole la virtud de deshacer las piedras y arenillas de la vejiga, prescribiendo con tal fin la dosis de 20 granos de los polvos, y hasta de una ochava al día.

Cuando los niños de pecho padecen de la diarrea llamada *mucle*, se alivian de ella si la madre usa en la comida la carne de ese reptil. Esto lo sabe y lo práctica el vulgo.

Hemos leído en un periódico que los naturales de la isla de Java se sirven del siguiente procedimiento para envenenar sus flechas: suspenden una iguana por la cola y la golpean e irritan hasta que arroja una materia amarilla y pegajosa por la boca que reciben en una vasija de barro y la fermentan al sol. Poco después introducen sus flechas en ella, y las heridas que causan después son de mortales efectos. Sin embargo, según los mismos isleños, la planta de guaco es el contraveneno de tales heridas, y con ella las curan.

Imán. — El hierro imanado o imantado alivia algunos dolores de nervios, aplicándolos sobre los miembros pacientes. Jaquecas, dolores de muelas y reumatismos han sido curados con él. También sirve el imán para extraer partículas de hierro o de acero que, hiriendo el cuerpo, se queda dentro de la herida.

Incienso o ajenjo común (Arthemisa silvestris). — Pequeña planta, generalmente conocida, de hojas cenicientas bastante amargas. Es un buen tónico que vigoriza el estómago y mejora la sangre.

La tintura de las hojas cura algunas calenturas intermitentes crónicas. El cocimiento de las hojas se usa contra las lombrices y las indigestiones envejecidas.

Incienso o estoraque. — Véase estoraque.

Ipasote o apasote (Chenopodium ambrosioides). — Induce al sueño si se ponen unos ramos de la planta debajo de las almohadas del enfermo. El cocimiento de las hojas se ha recomendado contra el cólera morbo y la locura. La cataplasma de las mismas hojas, bien molidas, alivia las úlceras pútridas, y ha curado algunas diarreas, aplicándola sobre el estómago. Del mismo modo alivia el flato o mal de madre, *hipocondría* e histerismo; y puesta en los pies con polvos de mostaza, encamina el curso de varias fiebres malignas a buen término. También es útil en cocimiento como bebida, y en lavativas contra las lombrices. La masa de las hojas molidas, aplicada a las úlceras cancerosas o pútridas, las limpia y desinfecta; y cuando las partes atacadas de erisipela grave amenazan gangrenarse, se evita esa funesta terminación cubriéndola con la enunciada masa cuidando de renovarla cada seis horas.

J

Jagua o irayol (Genipa americana). — El fruto verde de la jagua bien molido, puesto a cocer en poca agua, reducido a cataplasma y aplicado sobre los incordios recientes, opera en muchos casos su resolución, y con más seguridad si el paciente guarda dieta y toma un purgante y lo repite a los cuatro días.

El fruto de la jagua bien maduro, comido en suficiente cantidad y a horas competentes, tres días seguidos, produce la muerte de la tenia o solitaria en muchos casos a las personas que la tienen; y es más seguro el éxito si al tercer día el paciente toma un purgante de tres onzas de aceite de castor.

Varios campesinos se curan las calenturas comunes con el jugo de las hojas tiernas de la jagua. A tres o cuatro cucharadas del jugo le añaden un poco de sal de cocina para una sola toma en ayunas, repitiéndola por algunos días consecutivamente.

Del fruto bien maduro de la jagua se hace una ratafía o vino delicioso muy adecuado para las personas de constitución delicada y que padecen de irritaciones intestinales. El vino se prepara como sigue: se toma un cántaro lleno de frutas bien maduras y sanas. Se estrujan y machacan lo mejor posible en otro trasto adecuado. Se echan después en tora olla de barro y se ponen a hervir en un tanto de agua igual a su volumen. Cuando han hervido como una hora, se retiran del fuego y se cuela el líquido exprimiendo bien la masa en otro trasto. Se añade cuando ya esté frio la cantidad de azúcar suficiente para que quede dulce, se agrega una botella de buen aguardiente por cada tres botellas del líquido y se guarda en un garrafón bien tapado, el cual se tiene en reposo por dos meses en lugar a propósito. Al cabo de dicho término, el vino está clarificado, teniendo un sedimento en el asiento. Se trasiega sin que se revuelva, y se tapan las botellas lacrándolas para guardarlas. Confeccionado así ese vino, rivaliza en aroma y buen gusto con los mejores vinos extranjeros.

Jate. — Es una planta como de un metro de altura, que se cría solo en las montañas o en cañadas húmedas y frescas, o en los cerros. Las hojas son grandes, gruesas y acuosas, de figura de lanza, que estrujadas producen mal olor, igual al que tiene las cucarachas que llaman *jates*.

El cocimiento de las hojas, usado en bebida, cohíbe las hemorragias uterinas y las del pulmón con eficacia admirable; cura los golpes o lesiones internas, como lo hace el árnica con las externas; y detiene el aborto o lo determina si la criatura se ha desprendido, teniendo sobre este particular las mismas virtudes del centeno cornezuelo.

Ese remedio se opone a la tisis, y quizá pudiera curarla en cualquiera de sus periodos.

La tintura fuerte preparada con las hojas de jate, obra interior y exteriormente como la de árnica.

Por tan ventajosas cualidades de dicha planta, merecía que fuese detenidamente estudiada y analizada por sabios médicos extranjeros, quienes tal vez le hallarían nuevas y más útiles aplicaciones para las dolencias de la humanidad.

Jícaro (Crecencia cujete). — El cocimiento de la cáscara del árbol prueba bien en las toses crónicas. La horchata o emulsión de las semillas del fruto maduro es, además de agradable, muy provechosa para las irritaciones del pecho y del vientre. También le concede la gente del pueblo virtudes antivenéreas o contra el gálico. La pulpa o melaza del fruto maduro es un pectoral agradable, y entra en la composición de buenos *lamedores*. El jícaro usual en la medicina es el silvestre, conocido con los nombres de *morro* y *entuco*.

La pulpa del fruto no maduro del jícaro es un vomitivo seguro administrándolo así: deshágase un poco de la pulpa en unas cuantas cucharadas de agua; se cuela el líquido y se le añade un poco de sal de cocina. Cuatro o cinco cucharadas de esa composición en una sola toma bastan para producir la náusea y el vómito, que se favorece haciendo tomar agua tibia al paciente.

L

Lacre. — Con él se practican cauterios momentáneos y eficaces en casos de mordeduras de culebras o de animales rabiosos. Los montañeses, en algunas repúblicas de Sudamérica, llevan siempre lacre a sus exploraciones, y si reciben alguna de esas mordeduras, encienden por una extremidad la barrita de lacre y dejan caer gotas ardientes sobre los agujeros que presenta la mordedura. Por ese medio los pacientes consiguen, sin perder la vida, llegar a lugares habitados en donde pueden proporcionárseles remedios internos; entre los cuales, la hiel de la víbora que ha mordido o de otra venenosa, disuelta en aguardiente, es, entre ellos, el mejor remedio conocido ya experimentado.

Lagartija (Lacerta ágilis). — Género pequeño de la iguana. Se han alabado desde la antigüedad las cualidades medicinales de ese reptil contra el cáncer y las enfermedades cutáneas o de la piel.

Es la carne la que se usa en forma de alimento habitual que, a la verdad, es un plato agradable sabiéndolo preparar.

Exteriormente, la carne de la lagartija y también la piel por el lado carnoso, aplicados sobre los incordios recientes, los resuelve con frecuencia.

A la piel fresca, así aplicada, le concede la gente del pueblo la estimable propiedad de atraer las espinas a la superficie de las partes del cuerpo en que se han introducido.

Leche de vaca. — Como alimento usual para las personas biliosas, y en climas calientes y húmedos, la leche las predispone a las calenturas, y les causa entorpecimiento, tristeza, indigestión y diarrea o estreñimiento. La leche, aplicada al exterior en fomentos o cataplasmas, calma la irritación y alivia la inflamación en las partes atacadas de ella.

La dieta láctea aprovecha a los tísicos y a las personas extenuadas.

El suero de la leche, como bebida, refresca y ablanda el vientre, y se utiliza en las fiebres ardientes, en el escorbuto, la locura, el *mal*, epilepsia y cáncer.

El suero de la leche se administra con maná en las disenterías agudas, acompañadas de calenturas y evacuaciones de sangre y mucosidades; y contra las almorranas, combinado con azufre.

El suero con tamarindos aprovecha en las fiebres biliosas; y con alumbre en los flujos de sangre.

Fomentándose con suero de leche tibia, los mezquinos o verrugas desaparecen en poco tiempo.

La manteca o mantequilla fresca de la leche produce buenos resultados aplicándola sobre las quemaduras, y también puede emplearse para curar los cáusticos.

La leche de cabras contiene más queso y menos mantequilla que la de vaca; no causa tristeza y conviene más a los niños y a las personas débiles.

La leche de burra y la de yegua son muy ligeras y digeribles; pero la de mujer merece la preferencia para las personas muy extenuadas.

Una libra de buena leche ofrece tanta alimentación como una libra de arroz o de pescado, y cuatro veces más que una de pan.

Para conservar la leche póngase en botellas limpias y secas; tápense y lácrense bien. Enseguida pónganse a hervir en agua durante un cuarto de hora. La leche así preparada puede conservarse por varios meses. Según los experimentos de célebres profesores, la tuberculosis o enfermedad tuberculosa, puede transmitirse por el uso de la leche y la carne de vacas tísicas. Mr. Ponch dio leche de una vaca tísica a varios cochinillos y conejos y todos se hicieron tuberculosos.

Mr. Toussaint inoculó un puerco con jugo de carne cruda, procedente de una vaca tísica, y el puerco se hizo luego tuberculoso.

La leche, pues, y la carne de animales tísicos, pueden transmitir la tisis. Desde que los animales comienzan a toser y se ponen flacos están tísicos, y la policía sanitaria debe apartarlos del consumo. El fuerte cocimiento de la leche y carne sospechosas aleja el peligro. En general, todo alimento debe cocerse sin exceptuar las frutas dulces para matar los gérmenes y huevos de los animalillos que casi todas las sustancias contienen.

Los doctores Benjamín, Clark y Alejandro Yale, aseguran, citando numerosas curaciones, que la leche cruda, administrándose unos cuatro vasos de ella al día, cura eficazmente la disentería y diarreas obstinadas, y es de gran provecho en las fiebres tifoideas.

Según ellos, suspende las evacuaciones, alimenta, refresca, y en las fiebres dichas, fortalece, concilia el sueño, impide el delirio y calma los intestinos. La leche cocida no sirve en esos casos; cuanto más recién ordeñada, mejor.

Lechuga (Lactuca virosa). — El jugo de las hojas, colado, en dosis de tres a seis cucharadas, produce sueño y calma la irritación sin los malos efectos del opio.

Desde la antigüedad se conocían las virtudes narcóticas de la lechuga, y con ese fin se comía en ensalada en la última sopa.

El uso habitual de la lechuga atempera los apetitos venéreos y hace hasta estériles a las personas que lo verifican.

La infusión suave de lechuga es un colirio muy calmante en las irritaciones de los ojos.

Un sabio médico recomendó el jugo de la lechuga en la angina de pecho. Joel unía a ese jugo el polvo de digital contra la hidropesía del pecho sintomática de enfermedad de corazón.

Las personas que acostumbran a comer lechuga no crían sarro o tártaro en los dientes.

Lejía de cenizas. — Es provechosa contra las mordeduras de animales rabiosos o venenosos como la culebra, el alacrán, la casampulga, etc. En esos casos se empapa bien con lejía fuerte una pequeña compresa y se aplica sobre la picadura o mordedura.

Las bestias picadas de araña se libran de botar el casco, y se curan aplicándoles la lejía en el lugar dañado repetidas veces, cuando está reciente la picadura.

Los fomentos de cernada o agua de ceniza tibia curan los dolores crónicos reumáticos.

Mojando con lejía los callos se suavizan y se quita la irritación; lo mismo se obtiene contra las callosidades o hendiduras que padecen algunas personas en las palmas de las manos y de los pies.

Se alcanza la curación completa untando, después de la lejía, ungüento emoliente o de altea, y haciendo tomar al paciente la zarzaparrilla de bejuco por bastante tiempo, absteniéndose de comer marrano y cosas ácidas e irritantes.

La lejía de cenizas, administrada interiormente, obra de un modo específico en la curación de las ulceraciones chancrosas. Se administran 40 gotas por mañana y tarde en cocimiento de zarza o guayaco.

Lengua de ciervo (Scolopendrium officinale). — La infusión de las hojas se prescribe contra la tos y para dulcificar la sangre. Dosis, media onza de las hojas en una botella de agua hirviendo.

Liga de los árboles o muérdago (Viscum álbum). — Planta parásita que se cría pegada regularmente en los naranjos. Se ha recomendado para curar el *mal* o epilepsia, y también produce muy buenos efectos en las enfermedades nerviosas.

La dosis de los polvos es de una ochava dos veces al día. También se puede administrar la infusión.

El muérdago, que se cría sobre los pinos u ocotes, tiene una virtud especial contra las hemorragias uterinas, el esputo de sangre y otros flujos sanguíneos internos. La dosis del cocimiento al día es de una onza de las hojas hervidas en una botella de agua, para varias tomas.

Lima (Citrus limelta). — Fruto del árbol del mismo nombre. Su jugo, tomado interiormente, proporciona mucho alivio en los ardores del estómago y de la orina. Administrado tibio en lavativas; alivia los cólicos biliosos y los ventosos.

Muchos dolores de oídos desaparecen poniendo dentro del oído enfermo unas gotas del jugo, tapándolo en seguida con algodón.

El uso de la lima bien madura alivia las irritaciones del vientre, aumenta la orina, y cura algunos flujos de sangre cuando proceden de mucha irritación. Las hojas y azahares de lima tienen las mismas virtudes que las del naranjo. Con las cáscaras de la fruta se prepara un té muy bueno para los desfallecimientos nerviosos y los cólicos del mismo género.

Muchos cólicos, especialmente en personas de edad, han desaparecido con el uso de las limas.

Limón (Citrus medica). — El jugo, mezclado con agua azucarada, forma una tisana muy provechosa en las enfermedades inflamatorias o biliosas, en el escorbuto y la ictericia.

Añadiéndole un poco de vino se hace más ventajosa en las fiebres pútridas y en los ataques de cólera morbo cuando el enfermo ha perdido las fuerzas.

El cocimiento de la cáscara del árbol, usado interiormente, fortifica el estómago y expele las ventosidades.

Las semillas del fruto contienen ácido prúsico, y son, por lo mismo, venenosas. Las cáscaras del limón maduro en cocimiento facilitan el parto, y lo dan generalmente con ese fin las comadronas.

Se resuelven los incordios y otros tumores aplicando sobre ellos repetidas veces una tajada de limón asado, todavía caliente.

El jugo tibio, mezclado con ceniza, resuelve las inflamaciones reumáticas de las coyunturas y alivia el dolor. Se hacen con esa mezcla fomentaciones calientes sobre la parte dolorida tres veces al día y se deja abrigada.

La inflamación crónica del estómago, gastritis, y la de los intestinos, cede muchas veces al uso de la limonada suave, mezclada con goma arábica, tomándose en pequeñas y repetidas dosis.

El mal de orina desaparece, cuando es reciente, aplicando una taja de limón sobre el ombligo del paciente.

El jugo de limón se aplica con ventaja sobre algunas llagas rebeldes e indolentes.

Se sabe de un médico que usó en un caso de viruelas el limón, siendo el jugo el único líquido que administraba, sin otra medicina alguna. A las treinta y seis horas, la enfermedad había entrado en crisis, y una semana después se hallaba completamente sano el enfermo.

La limonada caliente, con semillas de linaza hervidas en ella durante media hora, colada después de azucararla, es excelente para los resfriados; más como produce traspiración, no debe tomarse sin recogimiento. La clara de huevo batida hasta formar espuma, mezclada luego con el jugo de un limón y tomada en cucharaditas de café cada media hora, quita la ronquera y cualquier mal del pecho.

La pulpa del limón, aplicada en parches sobre los callos por tres noches consecutivas o más, los hace desaparecer.

Unos pocos botones o pedacitos de conca nácar, diluido en el jugo de un limón, forman una crema o ungüento que, con seguridad, también cura los callos.

El siguiente es un buen remedio contra la disentería, la diarrea y los cólicos. Tómense partes iguales de aceite de comer, jugo de limón y azúcar. Mézclense muy bien y adminístrese por cucharadas, una cada media hora.

Dice también un médico eminente lo que sigue respecto del limón: "De cien casos de escarlatina, he curado noventa y nueve dando al enfermo limonada caliente con goma arábica disuelta. Luego, aplicando un paño o franela tan caliente como se pueda sufrir sobre el estómago, y cambiándola cuando se enfríe".

Linaza (Linum usitalissimum). — Las semillas molidas y cocidas se emplean en cataplasmas emolientes contra las inflamaciones agudas y el cocimiento al interior.

El aceite de linaza es emoliente y suave purgante, propio para los niños. Se ha considerado como un específico contra el dolor de costado.

En este caso deben administrarse interiormente tres cucharadas al día, y, al mismo tiempo, se aplica caliente sobre el lado doloroso.

Como remedio externo para curar las heridas quizá no hay otro mejor que este aceite mezclado con algunas gotas de ácido fénico. Para una onza de aceite, 6 u 8 gotas de ácido fénico. Se unta con el aceite la herida y se cubre con toallas secas en cada curación, quitando antes las del día anterior y limpiando la herida.

liquidámbar (Stirax officinalis). — Es un precioso bálsamo que no se estima en la medicina tanto como merece. Aplicado exteriormente ablanda y resuelve varios tumores, cicatriza las heridas y alivia los dolores reumáticos. Tiene las mismas virtudes que la copaiba, tomado al interior en los casos de purgación, flores blancas y catarro de la vejiga. Las mujeres de menstruación penosa sacan notable provecho de esta medicina.

El cocimiento de las cáscaras del árbol posee las mismas propiedades que el bálsamo. El cocimiento de las hojas es muy aromático y útil para bañar a los nerviosos, a los reumáticos y a las personas que han sido azotadas o magulladas.

Pero en lo que sobresalen las virtudes de este bálsamo es en la enfermedad que ataca a los jóvenes y niños llamada *mal* o epilepsia, que repite en los movimientos de la luna, privando del juicio al paciente; mal rebelde a las medicinas químicas más afamadas. Se ha visto, con el uso interno de este bálsamo, obtener muchas curaciones. La dosis interna es de dos o tres cucharadas del bálsamo en el día, en un poco de té caliente de hojas de naranjo; pero el medicamento debe usarse dos o más meses sin interrupción.

LL

Llantén (Plantago major). — Las cataplasmas de las hojas alivian la irritación y el ardor de varias inflamaciones, especialmente en los herpes inflamatorios de la cara. El cocimiento fuerte ha sido proclamado por el célebre Orfila como específico contra la rabia.

El cocimiento suave es buen colirio para refrescar las irritaciones de los ojos.

M

Madrecacao (Robinia pseudo acacia). — Árbol bien conocido, que sirve para sombra en las plantaciones de cacao.

La madera participa de las virtudes del guayacán contra las enfermedades reumáticas y sarnosas.

La cataplasma de las hojas crudas y molidas es muy útil aplicada sobre las úlceras o tumores gangrenosos, y en los eritemas, llamados erróneamente *andada de cientopiés* o de escolopendra.

La cáscara del árbol, molida y mezclada con maíz cocido es un veneno activo contra los ratones y los perros. Esta sustancia obra con alguna semejanza a la estricnina, y bien estudiada, puede ser de bastante utilidad en la práctica médica.

Las hojas del mismo árbol, estrujadas en agua, son usuales para baños de las personas sarnosas.

El madrecacao participa también de las cualidades del eucalipto, y por eso el vulgo, con buen éxito, coloca ramas verdes de esa planta en el aposento de los enfermos atacados de fiebres malignas o enfermedades pútridas.

Maguey o pitaco (Agave pita). — Planta bastante común, de hojas o pencas largas terminadas en espina y con pequeñas púas encorvadas a los lados.

Sobre las inmensas ventajas que ofrece a la industria la hilaza de esa planta, que constituiría la riqueza de muchos pueblos cuando las aprovecharan para hacer jarcias y tejidos, etc., presta también a la medicina especiales servicios.

Abriendo un agujero proporcionado en el tronco de la planta, de la especie grande, de arriba para abajo en el lugar donde se haya arrancado el tallo para ese fin, fluye naturalmente un licor claro llamado *pulque*, bastante agradable si se le agrega azúcar, el cual tiene casi las mismas cualidades del *vino de coyol*.

El *pulque* de la especie pequeña es un buen medicamento administrado en ayudas o enemas contra los dolores de vientre que padecen algunas mujeres en la menstruación; también facilita en esa forma el parto y la expulsión de las *pares* o placenta.

El cocimiento de la raíz tiene, como la zarza, buenas propiedades contra el mal venéreo o gálico.

Se hacen sinapismos bastante fuertes con el jugo de la hoja mezclado con harina. El mismo jugo es un veneno activo para los peces.

Lavativas del maguey pequeño.

Pulque de maguey, una parte. Leche de vaca, 2 partes. Miel de colmena, una parte; para una lavativa que se administra tibia.

Maíz (Zea maíz). — Cereal bien conocido.

Como artículo de dieta, merece recomendación el atole de maíz poco sancochado primero el grano y después molido para hacer el atole, siendo así uno de los más alimenticios para los enfermos; y como bebida ordinaria, proporciona ventajas a las personas flacas y nerviosas que no pueden tomar el café.

El maíz quemado en tostador y molido da una infusión como el café, y mezclado con leche es agradable e inocente.

La *chicha* o fermento que se prepara con el maíz es excitante y aumenta la orina. Sus efectos son los mismos de la cerveza si se le agrega en la fermentación alguna planta amarga, como el ajenjo o incienso, o el copalchí en pequeña cantidad.

El maíz amarillo es más alimenticio que el blanco, y el rojo o colorado más que todos, y aún que el trigo, lo cual está probado. El cultivo de este maíz merecería especial interés.

El maíz verde cocido en leche, sin sal ni dulce, es un remedio muy recomendado contra la tos ferina.

Recientemente se ha publicado en un acreditado periódico, con relación a la barba del maíz, lo que sigue: "Se va generalizando el uso medicinal de varios preparados con lo que llaman vulgarmente barba del maíz, que tiene, entre otras ventajas, la de ser inofensiva, caso de no producir la curación. Se prepara una tintura que, usada al interior, se emplea como anodino para las membranas mucosas de las vías urinarias, especialmente de la vejiga, y como diurético poderoso. En la circulación regulariza el movimiento de la sangre, aumenta la tensión aortal y disminuye la venal, combatiendo las congestiones de estos vasos cuando son originadas por causas irritantes, ejercicios violentos, abuso de bebidas, etc. Para las enfermedades del corazón, algunos médicos prefieren este medicamento a la *digital* y la *convallaria majalis*, y es muy útil para curar la hidropesía cardiaca. Se ha ensayado con éxito para las afecciones de la vejiga, y asimismo para las venéreas, resultando un remedio bueno al alcance de todos por su sencillez, y, además, nada peligroso.

El té de maíz bien tostado, administrado frio a pequeñas dosis, repetidas cada quince minutos, es un eficaz remedio contra los vómitos obstinados.

El té se prepara como el café, moliendo el maíz bien tostado, y enseguida se vierte sobre un poco de polvo la conveniente agua hirviendo. Vómitos resistentes a otros remedios han cedido a este.

El cocimiento de la barba de maíz puede administrarse con más facilidad que la tintura, según la formula siguiente: barbas o pelos de maíz, 2 dracmas. Agua, 2 vasos. Hiérvase bien y se cuela el líquido para administrarlo en tres tomas, cada tres horas una de ellas.

Algunos observadores creen que el fumado de tabaco, envuelto en la tusa de la mazorca del maíz, es útil contra los catarros nasales y la tos pulmonar. Se da por razón que la tusa contiene bastante potasa y otras sales provechosas.

Malva (Lavatera procumbens). — La malva, el malvavisco y la escobilla común tienen las mismas virtudes. Las hojas, cocidas y molidas, se aplican en cataplasma sobre las inflamaciones agudas de cualquier órgano, y son muy provechosas. El cocimiento de las raíces, tomado interiormente, es de mucho uso en las enfermedades del pecho, de los riñones y de la vejiga. Sirve también para gargarismo en las enfermedades de la garganta, y para enjuagatorios en las inflamaciones de la boca.

Mango (Manguífera índica). — Árbol bien conocido, ornato de las huertas y jardines en nuestras cálidas comarcas. El fruto, bien maduro, es depurativo de la sangre, sudorífico y útil contra la sarna, la sífilis y el escorbuto. El cocimiento fuerte de la semilla, tomada interiormente, mata las lombrices. La goma del árbol, disuelta en agua y bebida, aprovecha en los casos de diarrea. El cocimiento de las hojas, aplicado como fomento sobre las partes del cuerpo golpeadas, las desinflama y disuelve las manchas amoratadas que forma la sangre coagulada, *equimosis*. Asimismo, usada como fomentos, quita las manchas de la cara, etc.

También se ha recomendado la cáscara del árbol en el catarro nasal, en la disentería, la vaginitis, nefritis, difteria, etc., siendo un astringente de acción tónica especial sobre las membranas mucosas. Al decir de Liquistín, en la difteria y otras enfermedades malignas de la garganta, los resultados son maravillosos. En las metrorragias, enterorragias, broncorragias, y en los flujos mucho-purulentos de los intestinos y del útero, no conoce agente que le iguale. El eminente profesor Howe había dicho ya que el *manguífera índica*, el mango, disminuye los flujos leucorreicos y menstruales, tiene una acción moderadamente astringente, calma los dolores que acompañan al período menstrual, y en general, corrige los desórdenes de este flujo. Es un precioso auxiliar de la terapéutica ginológica.

A las señoras a quienes les han salido manchas en el rostro, defecto que difícilmente se puede curar con otras medicinas, se les quitan sin más diligencia que comer por dos meses dos o tres buenos mangos maduros. Está probado.

Manzanilla (Anthemis matricaria). — Yerba bien conocida. La infusión fría, especialmente de las flores, es tónica; útil en varias indigestiones y para los convalecientes. El cocimiento, administrado tibio, favorece el vómito, y se da cuando los vómitos comienzan a producir náuseas para aumentar su operación.

Los polvos de la flor, a la dosis de media ochava, tres veces al día, curan las calenturas comunes.

Para aumentar los loquios (purga del parto), es buen remedio una taza del cocimiento repetidas veces. Tiene esa bebida la ventaja de calmar los dolores uterinos, llamados *entuertos*, después del parto.

Marañón (Anacardium occidentale). — árbol de nuestras regiones cálidas. El fruto maduro es agradable y refrigerante. El vino que de él se prepara, cuando es añejo, se iguala a los más restaurantes. Su confección es como la del vino de *jagua*, pero sin añadirle agua, usando solamente el jugo de la fruta sin cocerlo. Véase la palabra jagua.

La primera envoltura de la semilla o nuez contiene un aceite muy cáustico. Extrayéndolo debidamente se harían con él vejigatorios con prontitud y economía.

Quemando la semilla, sin carbonizarla demasiado, se extrae la almendra que contiene, la cual es alimenticia, agradable y muy propia para hacer confites y para mezclarla al chocolate en una sexta parte.

El cocimiento ligero de los cogollos del árbol es un buen gargarismo en los casos de esquinencia y de úlceras en la garganta. La corteza del marañón es astringente, y el cocimiento se usa en baños, en las hinchazones de las piernas.

Por medio de incisiones hechas en el árbol, se obtiene una goma resina, que se emplea en las artes.

El verdadero fruto del anacardo o marañón es la semilla o nuez. La parte carnosa que le está adherida no es sino un verdadero desarrollo de la flor, el cual, maduro, contiene el jugo de que se ha hecho mención.

El aceite de la cáscara de la semilla del marañón se usa eficazmente en aplicaciones contra la tifia, la lepra, los giotes y otras enfermedades de la piel.

Maravilla o clavellina (Maravilis jalapa). — Pequeña planta de jardín, muy común, que echa flores de diversos colores en forma de embudo. La raíz es purgante, casi igual a la jalapa, y merece hacerse de ella un uso más general en la medicina doméstica.

Para preparar este medicamento se hacen rebanadas de la raíz fresca; se tuestan bien al sol o en el horno tibio, y se reducen a polvos muy finos.

La dosis, como purgante, es de una a dos dracmas.

Matapalo. — Árbol de la familia de los amates o higueros, que, en vez de tener un solo tallo, sus gruesas raíces abrazan otros árboles o las rocas, y sobre ellos crecen y vegetan.

La leche de ese árbol, aplicada en parche sobre las hernias o quebraduras, introduciendo antes el saco herniario y guardando cama el paciente, no deja salir el tumor; y dando lugar a la cicatrización de la ruptura, ha curado a muchos enfermos de tan penosa dolencia.

En los dolores crónicos de la rabadilla, no pocas veces se ha conseguido alivio, aplicando un parche grande untado de esa leche sobre el lugar doliente.

Mechoacán (Convolvutus mechoacán). — Bejuco silvestre de flores azules, rojas o de color de ruibarbo. El de flores rojas es el más recomendado.

La raíz es purgante fuerte, y se prepara como el de maravilla.

La dosis del polvo es de dos dracmas; pero una sola, mezclada con media onza de cremor tártaro o común, produce copiosas evacuaciones, y es de mucho provecho en las hidropesías cuando el paciente es joven.

Melón (Cúcumis melo). — El fruto refresca y es grato, pero indigesto. Las semillas del mismo, mezcladas y molidas con arroz y diluidas en agua con azúcar, proporcionan una emulsión u horchata muy agradable y refrigerante, a la par que alimenticia. Se administra tibia en bebida para las inflamaciones internas.

El cocimiento de las tajadas del melón, estando ya maduro, añadiéndole un poco de goma, ha servido para curar disenterías muy rebeldes. Los antiguos atribuyeron al uso del melón la propiedad de calmar los deseos sensuales.

Membrillo (Cidonia vulgaris). — La infusión de las tajadas de membrillo en agua común, bebida en las disenterías o diarreas antiguas, es un buen medicamento. Los mismos efectos produce la conserva del fruto.

Miel de abejas. – Véase Abejas.

Moroporán. — Yerba común de los climas templados, que crece poco más o menos a la altura de una vara.

Las hojas son pequeñas, dentadas. Las flores son también pequeñas, redondas, sin pétalos, compuestas de una pelusa blanca, semejante en la forma a la de la zarza, el carnizulo y el espino blanco.

El cocimiento de esta planta es de muy especiales efectos, tomado interiormente contra la epilepsia o enfermedad convulsiva, llamada vulgarmente *mal*; y administrado en enjuagatorios es bueno contra el dolor de muelas. También alivia, aplicado tibio sobre la parte enferma, los dolores nerviosos, y es probable que, usándolo al interior, alivie las enfermedades del mismo género. Hemos visto a más de cuatro personas curarse de la epilepsia, tomando durante treinta o más días el cocimiento de esta recomendable planta.

Recordamos que, en años pasados, un periódico hizo de esta misma planta una especial referencia para curar con ella el cólera asiático, y merece ser experimentada. El cocimiento se prepara hirviendo onza y media de la varita con las hojas de la planta en una botella de agua común, y se toma en todo el día.

Mostaza (Sinapis nigra et alba). — Es estimulante y aumenta la orina.

Se administran interiormente los granos enteros contra algunas indigestiones, el escorbuto y la hidropesía. La dosis es una cucharada de dos granos, dos veces al día.

La buena mostaza molida, tomada interiormente, obra como vomitivo seguro. Para este objeto se toma una cucharada del polvo disuelto en un poco de agua tibia.

De la mostaza molida se hacen los sinapismos tan usados en la medicina doméstica, y tan útiles en las enfermedades acompañadas de letargo, en las fiebres graves, y cuando se trata de derivar irritaciones de otros órganos internos o externos. En los casos de vómito obstinado, la aplicación de un fuerte sinapismo sobre la región del estómago es muy recomendable.

El agua caliente aumenta su eficacia derivativa para los baños de pies, agregándole unos puñados de mostaza molida en los momentos inmediatos al baño.

El suero de leche sinapisado es excitante y estomacal, aconsejado contra la gota (reumatismo nudoso), la hidropesía y la parálisis. El suero se prepara así: leche de vaca, una botella. Mostaza molida, una onza. Se hierven hasta que se cuaja la leche. El suero se separa y cuela, para administrarlo en tres tomas, una cada dos horas.

Mozote. — Yerba común en las milpas y rastrojos, que da por frutos unas pequeñas bolsitas verdes, pegajosas, encerrando una semilla con pequeñas púas. El cocimiento de esta planta es un especial emoliente, que produce satisfactorios resultados contra el cólico inflamatorio, la disentería, y, en algunos casos, la ictericia.

N

Naguapate. — Yerba bastante pequeña que se extiende en el suelo y se cría particularmente en las colinas y terrenos áridos de los climas templados.

Es sustituto de la zarzaparrilla contra las enfermedades venéreas o sifilíticas y para mejorar la sangre. Se administra el cocimiento de la planta con su raíz, como el de la zarzaparrilla.

Nance (Malfugía montarra). — El fruto de la especie dulce cultivada es nutritivo y agradable.

El cocimiento de la cáscara del nance silvestre es recomendable astringente contra la diarrea crónica y los flujos mucosos y sanguíneos de la misma naturaleza. En casos rebeldes, y al parecer incurables de esas enfermedades, la administración de dos o tres pozuelos del referido cocimiento ha dado felices resultados. La dosis preindicada es para un día, y debe tomarse siquiera por dos semanas.

Naranjo (Citrus amarantium). — La naranja dulce, bien madura, puede chuparse con provecho en las fiebres pútridas y en las biliosas.

La infusión de las hojas o de las flores del naranjo agrio, en forma de té, sienta bien a las personas nerviosas, alivia los flatos, las palpitaciones del corazón y los desvanecimientos de condición nerviosa.

El cocimiento de la cáscara del naranjo agrio favorece la menstruación y el corrimiento de los loquios o purga de las recién paridas.

El jugo de la naranja agria, mezclado con miel de abejas y cocimiento de copalchí, sirve para curar las calenturas comunes envejecidas. Se administra en ayunas, a la dosis de una cucharada de cada cosa.

Ungüento de naranja muy resolutivo.

Naranjas agrias, maduras, cortadas en pedazos muy pequeños, se cuecen en aceite hasta que se consume la humedad y se forma el ungüento.

Resuelve los tumores, aplicándolo sobre ellos, y seca la leche a las mujeres que despecha, untándolo caliente en las mamas o pechos.

Con la flor de naranjo se hace la siguiente manteca, de uso común en los dolores nerviosos y reumáticos: manteca de puerco, una botella. Azahares, 4 onzas. Alhucema, una onza. Se hierve todo a fuego manso, y cuando ya se ha tostado el azahar, se cuela la manteca y se guarda bien tapada para el uso. Si se añade un poco de alcanfor a la manteca al hervirla da mejores efectos.

Níspero (Nespilus germánica). — Árbol de frutos muy sabrosos.

La horchata preparada con la almendra o semilla del níspero, molida sin la cáscara, con agua y azúcar, refresca bastante y aumenta la orina.

El cocimiento de la cáscara del árbol es de un efecto muy apreciable contra los flujos sanguíneos del útero, de los pulmones y del estómago. La dosis del cocimiento es de una botella al día.

Los polvos de la cáscara del níspero restañan la sangre de las heridas si se aplican sobre ellas, y lo mismo la sangre de la nariz arrojándolos al interior de ella, para lo cual se introducen en un tubito adecuado, se coloca dentro de la nariz, y se soplan.

O

Ojo de venado (Mucuna prusiens). — Arbusto sarmentoso o bejuco bien conocido en los climas templados. La semilla es parecida al haba del Calabar, a cuya familia pertenece, siendo probables sus mismas virtudes. En Venezuela y Colombia usan contra el asma la tintura del polvo de la semilla a la dosis de 20 gotas, dos veces al día.

Olíbano o incienso (Thús). — Resina que se ofrece en lágrimas, y que en Centro América se obtiene del árbol llamado palo giote o ginicuite.

Es bastante aromático, balsámico y medicinal, y puede entrar en la preparación de algunos ungüentos y aceites.

Orégano (Origanum sativum). — La especie silvestre es abundante en varias comarcas del país. Fue planta muy célebre entre los antiguos para la curación de las heridas, haciéndose uso del cocimiento para lavarlas y del polvo para cubrirlas.

El uso interno del orégano fortalece los nervios, excita y es acertado remedio contra el hipo nervioso, administrada la infusión en forma de té. Como especia o condimento, es agradable y de los más inocentes. Para corregir la inapetencia o desgano de comer, se prepara con el orégano una excelente salsa, como sigue: orégano en polvo, una onza. Gengibre en polvo, media onza. Pimienta negra o de Castilla, molida, media onza. Vinagre fuerte, media botella. Agua, media botella. Azúcar moreno, dos onzas. Sal, una onza. Se echa todo en una botella, se tapa bien, se sacude con frecuencia, se tiene al sol por ocho días, y, por último, se cuela y pasa a otra botella para el uso.

Orozuz (Glycyrriza glabra). — Pequeña yerba de hojas pequeñas, dulces y dentadas.

Se usan en medicina las hojas y las raíces contra las enfermedades de pecho.

El cocimiento de hojas de orozuz y de llantén es favorable en las enfermedades de los riñones, administrado como bebida.

Ortiga o chichicaste (Urtica mens bacifera). — Planta común de que hay varias clases, todas ellas medicinales.

Puede administrarse el jugo de las hojas molidas exprimidas y el cocimiento de las raíces para aumentar la orina, contra las afecciones sifilíticas, los esputos de sangre y algunas blenorragias o purgaciones.

A propósito de esta planta, tan interesante para la industria entre las textiles y como remedio, *El Nacional*, periódico Mexicano de bastante crédito, ha publicado la siguiente reseña:

"Atempan, población del estado de Puebla, fue víctima cruelmente azotada por el cólera morbo. Pues bien, en Atempan se usó con magníficos resultados la ortiga o chichicaste exteriormente.

Algunas fricciones hechas con las hojas de esa planta en el cuerpo del colérico bastaban para curar el caso más rebelde de esa horrible enfermedad. Todos los coléricos en que se usó ese remedio se salvaron, pues al solo contacto de las hojas cesaban los calambres, venía enseguida un sudor copioso, y el alivio y la curación se verificaban".

Para combatir las enfermedades crónicas de la piel se usa interiormente el extracto de jugo de hojas de ortiga, dos dracmas; se combina con igual peso de flor de azufre y se hacen píldoras de tamaño regular, para administrar de 4 a 6, dos veces al día.

P

Palo de Brasil o campeche (Cisalpina echinata). — Arbusto común en algunas comarcas templadas. El cocimiento de la madera es tónico y astringente. Se usa con ventaja en las diarreas y disenterías, especialmente en los niños. Dosis al día, de media a una botella del cocimiento, y será más eficaz si se le añade arroz y goma arábica.

Papaya (Carica papaya). — Es un árbol de cultivo y también se da espontáneamente en algunos terrenos.

El corazón del árbol, las raíces, las semillas y su leche, son de utilidad incontestable, y de que no se hace todavía el uso merecido.

Del fruto verde se hacen muy buenas conservas. El fruto maduro es agradable, refrigerante y muy benéfico a las personas que sufren del pecho algunas enfermedades.

Con el jugo exprimido de las papayas maduras, después cocidas en el horno, añadiéndole azúcar, se hace un jarabe o lamedor que alivia la tos hasta en los tísicos llegados al último periodo.

Se administra una cucharada tres veces al día.

El jugo exprimido de las papayas maduras, aplicado a la cara y a las manos, las limpia y despercude.

Las semillas y la leche del fruto matan eficazmente a las lombrices. Con este fin, se da el polvo de las semillas secas a la dosis de una cucharadita de café, tres veces al día, mezclada con miel de abejas.

La dosis de la leche es también de tres cucharaditas al día mezclada con leche de vaca.

La leche se emplea exteriormente para matar las niguas. De las flores, mezcladas con azúcar, se hacen muy buenos confites. También tienen propiedades pectorales bastante apreciables.

La leche debe ser recién extraída. Con un manojo de las raíces un poco frescas y media botella de agua se hace un cocimiento y se endulza, para tomarlo en el día; y es tan eficaz como la leche contra las lombrices.

La leche de la papaya y las hojas tienen la propiedad bastante singular de ablandar la carne.

Para esto se disuelve un poco de leche en agua y en ella se mantiene sumergida la carne fresca por un cuarto de hora, y enseguida se pone a cocer. Se consigue igual efecto envolviendo la carne en las hojas y teniéndola así por media hora antes de cocerla.

Para extraer la leche se hacen incisiones al fruto verde o al tronco, y por ellas fluye el líquido que debe recogerse.

Como se ve, el papayo es un árbol mucho más estimable de lo que comúnmente se cree, y su cultivo debía hacerse en todas las casas y huertas, especialmente de la especie grande y de fruto interiormente rojo. La economía y medicina doméstica deben apropiarse ese precioso cultivo, pues en realidad, entre los vermífugos más inocentes y menos desagradables para los niños, es el mejor el de que nos ocupamos.

Las semillas y la leche de papaya podrían llevarse al extranjero con mucha utilidad.

El modo de conservar siempre buena para el uso la leche de papaya y para exportarla, sería mezclarla con aguardiente por partes iguales de cada cosa.

Debe observarse en el uso del fruto maduro, que los muchachos suelen comerlo todo entero, y, a consecuencia de que las semillas tienen eminencias y depresiones, entran las unas en las otras y forman en el intestino recto un cuerpo compacto que debe extraerse pronto, porque si no, produce al paciente una disentería mecánica mortal.

Mr. Vanquelin ha llamado la atención sobre la acción digestiva del jugo de papaya.

El Dr. Bouchout hizo llevar de América el jugo, y lo ha ensayado durante dos años en el hospital de niños enfermos. Mr. Wurts ha analizado el líquido cuidadosamente, y los dos sabios han estudiado de cerca su acción fisiológica. Este estudio, hecho en común, ha sido presentado a la Academia.

La papaya carica, también es llamada *árbol de melón* en América. Su fruto, de color rosado, es azucarado, y se come en efecto como nuestros melones.

He aquí ahora otros curiosos efectos del jugo de papaya: "El jugo puro, puesto en contacto con la carne cruda, la clara de huevo cocida, el gluten, la fibrina, los ataca y ablanda al cabo de algunos instantes, y los disuelve en algunas horas a la temperatura de 40°. La leche se coagula enseguida, y precipitada la caseína, se disuelve también. Asimismo, ataca y digiere en algunas horas las falsas membranas del crup, retiradas por la traqueotomía; lo mismo parásitas, tales como aseárides y tenias.

Enriquecerá con un medicamento muy poderoso que facilita a los dispépticos la digestión, y que también podrá, sin duda, ser empleada eficazmente para la expulsión de la solitaria y para el tratamiento del crup. Pero esperemos la experiencia diaria.

Juzgamos hacer un obsequio a los pobres, y en especial a los raquíticos que padecen sífilis y sufren del estómago por indigestiones o inapetencia, trasladando el escrito anterior; siendo de advertir que por propia experiencia se han tenido los benéficos resultados. Se han visto efectos maravillosos en una señora respetable de Maracaibo, a quien acometían fuertes jaquecas y diversos accidentes por causa del estómago, y como medicina única usaba esa fruta, que curó todos sus sufrimientos.

Si nuestros médicos quisieran analizar o aprovechar siquiera las indicaciones antes apuntadas, ya que puede decirse que casi es silvestre tal árbol, mucho ganaríamos con su estudio.

Bien pueden nuestras damas sembrar estos arbustos lechosos y tomar por su parte ese medicamento inocente.

Tales son las apreciaciones de los dos sabios franceses, cuya opinión hemos reproducido literalmente.

Parietaria (Parietaria officinalis). — Planta de pie y medio de alta, con los vástagos redondos, rojizos y quebradizos; las hojas, de un verde oscuro, ovaladas, puntiagudas y ásperas, y las flores muy pequeñas y sin pétalos. Crece especialmente junto a las paredes.

Contiene mucílago y nitro; es pectoral y aumenta la orina. Se prescribe el cocimiento de las hojas en las afecciones pulmonares, incluyendo el dolor de costado. Además, con el uso de ese cocimiento, se refresca la sangre y se aleja la erisipela.

Peces. — Proporcionan un alimento mediano y poco excitante; pero su uso continuado predispone a las enfermedades de la piel. Se ha observado que los pueblos que se alimentan principalmente de peces son más fecundos que los otros.

El aceite o manteca del cuyamel, la palometa o el tepemechín, tiene en bebida una eficacia incontestable para restablecer y confortar a las personas debilitadas, alivia la tos crónica, cura algunos reumatismos e impide los progresos de la tisis. Sus virtudes son semejantes a las del aceite de hígado de bacalao.

Se ha restablecido el movimiento de miembros paralíticos a beneficio de repetidas unciones sobre los mismos con dicho aceite.

La dosis interna es de 4 a 6 cucharadas al día. La hiel de pescado, disuelta en cocimiento de hinojo, es un buen remedio para disipar el albugo o nubes de los ojos, usándolo como colirio por tres veces al día. Es un remedio antiguo.

El uso del pescado salado descompone la digestión y la sangre, y produce enfermedades en la piel.

Piedra imán. — Aseguran algunos médicos antiguos que tiene la virtud de curar las llagas y calmar el dolor poniéndola sobre ellas.

Piel de gato. — Alivia los dolores reumáticos crónicos si con ella se cubren las partes dolorosas.

Pimienta gorda o de Chiapas. — El cocimiento del fruto o de las hojas del árbol reanima las fuerzas y expele las ventosidades.

Pimienta de Castilla o piperita. — Aunque no es una producción indígena, se consigue fácilmente en el comercio, y por eso vamos a mencionarla.

Es estimulante algo enérgico, cura las calenturas comunes envejecidas, administrando al enfermo por dos o tres días, cada media hora, un grano entero de pimienta. Está probado.

Cataplasma contra el dolor de costado.

Pimienta de Castilla molida y gengibre en polvo, cantidad suficiente, en partes iguales. Se humedece y bate con clara de huevo y se aplica sobre el lado doloroso, dejándola allí por 24 horas. Después de las sangrías obra muy buenos efectos este tópico.

Pino u ocote (Pinus Tada). — El cocimiento de los cogollos favorece la expectoración y reanima las fuerzas a los tísicos y asmáticos; también se ha recomendado contra el escorbuto.

Cocimiento.

Cogollos de pino, 2 onzas. Agua, 2 botellas. Se hierve bien y se cuela el líquido para tomar cada hora 2 cucharadas.

Piñón o tempate (Jatropa curcas). — Planta originaria de las Indias Orientales, y transportada a América por los negros. Está muy bien aclimatada en nuestros terrenos cálidos.

Las hojas ablandadas al calor y aplicadas sobre los pechos o mamas de las crianderas o nodrizas aumenta la secreción de la leche.

La leche del piñón se obtiene arrancando las hojas de las ramas y recogiendo en una copita las gotas que destilan. Este jugo se aplica con mucho provecho, ya sea puro o mezclado con agua, dentro de la boca o sobre la lengua de los niños que padecen de aftas o fuego en la boca. Sirve también para curar las heridas.

En la India se frotan el cuerpo los naturales con esa leche para curarse de la sarna, los herpes y el reumatismo. Se emplea también para curar las almorranas, poniendo sobre ellas pañitos empapados en la misma leche.

Las semillas o almendras son muy purgantes. Para usarlas como tales se tuestan ligeramente, y se les quita la cubierta negra. De cuatro a ocho almendras, mascadas y tragadas, es un purgante regular.

El aceite de piñón se usa a la dosis de 1 a 10 gotas como purgante, y es útil contra las lombrices. El contraveneno de las almendras, cuando se administran o toman con exceso, es el aguardiente con agua en dosis repetidas.

La leche de esta planta, tomada interiormente, disuelve con especial eficacia las arenillas o piedras que se forman en la vejiga. La medicina casi no cuenta con un remedio de confianza contra tan terrible enfermedad.

Los facultativos deben fijar su atención en esa sustancia, hasta ahora despreciada.

Días viniendo es de creer que la papaya y el piñón se conquistarán en terapéutica un puesto eminente.

La dosis de la leche de piñón interiormente es de 40 gotas disueltas en dos vasos de agua para tomarlos en todo el día.

Plátano (Musa paradisiaca). — El agua que por incisión se saca del tallo, tomada interiormente, a la dosis de dos cucharadas cada cuatro horas, es un regular astringente contra los flujos de sangre. En fomentos fríos refresca y disminuye el volumen de las almorranas, aplicándolos sobre ellas.

El fruto bien maduro, comido con sal en ayunas, alivia la estitiquez y obra como preservativo de los cólicos ventosos.

Con el jugo del guineo bien maduro, se hace un buen vinagre. Para eso se echan en una canasta, y espontáneamente van fluyendo un líquido que se recoge en trasto adecuado, en el cual se convierte al poco tiempo en vinagre.

Plomo. — Se curan las úlceras antiguas llevando sobre ellas una planchuela delgada de este metal; y se asegura que llevando la misma plancha sobre el vientre se suprimen los ardores venéreos. Las planchuelas de plomo azogadas resuelven los tumores fríos, aplicándolas sobre ellos por algunos días.

Q

Quina (Exostema variadas). — En Centroamérica no existe la quina verdadera, y las diversas cáscaras a las que se da este nombre, procedentes de varios árboles de nuestros bosques, no tienen más virtud que la de los amargos. Sin embargo, se curan con ellas algunas calenturas comunes, y pueden servir como tónico para los estómagos débiles.

Quiscamote (Arum maculatum). — Aplicándolo sobre la piel es rubefaciente, y como tal, la masa de las hojas puede servir de sinapismo. De esa manera, aplicada por la noche durante unos quince días sobre la región del bazo, es muy benéfica para curar la inflamación crónica de ese órgano.

Varios autores han recomendado los polvos del tallo o de las hojas del quiscamote contra el catarro crónico de los bronquios y contra la tisis, a la dosis de 10 gramos, una o dos veces al día.

R

Rábano (Raphanus sativus). — Usada interiormente la raíz, excita el apetito, aumenta la orina y se opone al escorbuto. El jugo contiene almidón y azufre. Es el contraveneno de los hongos. Dosis del jugo, una cucharada en leche o vino.

Rana (Rana esculatus). — Los caldos preparados con la carne de la rana depuran y dulcifican la sangre, y por eso mismo favorecen la curación de las enfermedades de la piel.

Los médicos antiguos recomendaron mucho los polvos de rana para curar los flujos de sangre uterinos y rebeldes; y en la práctica, ese remedio ha destruido hasta la propensión a los flujos de las mujeres irritables.

Los polvos de la rana tostada se preparan a fuego vivo dentro de una vasija de barro bien tapada.

Redoma. — Es una especie de paste pequeño, muy amargo. La infusión usada en sorbitorios por la nariz ha curado romadizos o constipados muy rebeldes.

También es un vomitivo enérgico si se administra en bebida a la dosis de una cucharada de la infusión cada cuarto de hora, hasta producir el primer vómito.

Romero (Rosmarinus). — Conforta los nervios, alivia las convulsiones y otros males nerviosos, y es sudorífico y astringente. Se usa la infusión y la tintura: de la primera, un vaso al día, y de la segunda, dos cucharadas.

Se ha tenido como cierto que, lavándose la cara con el cocimiento de romero, se limpia el cutis, se preserva de arrugas y se conserva la vista. Con él se preparan baños aromáticos muy agradables.

Infusión azucarada.

Romero, 4 onzas. Agua, 6 onzas. Miel caliente, 12 onzas. Se pone al sol por quince días en una botella bien tapada y se cuela. Dosis para beber, 4 cucharadas al día en agua de hierbabuena. Contra el cólico ventoso, uterino y los males de nervios.

Los baños templados del cocimiento de romero conservan la salud y dan la posible estabilidad y parecido a la lozanía de la juventud.

El romero, cocido en vino blanco al baño de maría (la botella de vino, con el romero adentro, bien tapada, se pone a hervir en agua dentro de una olla de barro), y aplicado todas las mañanas al rostro, lo mantiene limpio, fresco y sin apariencias de vejez.

Rosa encarnada olorosa. — La infusión de las hojas o pétalos de las flores entra en los colirios y en las bebidas contra los flujos de sangre.

Aceite rosado.

Aceite de comer francés, dos terceras partes de una botella. Rosas secadas a la sombra, onza y media. En una botella bien tapada se pone a hervir por dos horas dentro de una vasija de agua. Es muy aromático y usual contra las quemaduras y las inflamaciones ligeras.

Rosa blanca o mosqueta. — El cocimiento de esas flores es purgante y de frecuente aplicación a los niños. Dosis, 4 a 8 cucharadas, regularmente con maná.

Ruda (Ruta graveolens). — En unturas y bebidas produce muy buenos efectos contra las enfermedades nerviosas, como el histerismo o *mal de madre*, y contra el *mal* o epilepsia. Fortalece la vista y mata las lombrices. Echando unas gotas del jugo todos los días sobre las nubes de los ojos, las deshace. El médico Avicena indica que la ruda resfría los ardores de la carne, negocio que importa conocer a los padres de familia y a las *beatas*; pero el mismo autor añade, con bastante exactitud, que *el ayuno* es el mejor remedio en esos casos.

La ruda es excitante, facilita el parto y la menstruación. Dosis del polvo, 20 granos al día.

Poción contra el histerismo.

Jugo de ruda, 3 cucharadas. Cocimiento de hojas de naranjo, 6 cucharadas. Se administra una cucharada cada hora.

Pasta contra las calenturas comunes.

Ruda y mostaza molida, una onza de cada una. Se hace una masa para aplicarla a los puños y a las plantas de los pies antes de entrar el frio o displicencia.

Tintura contra los fríos y calenturas.

Hojas de ruda y anís, de cada cosa onza y media. Aguardiente fuerte, una botella. Se deja tapada al sol ocho días. Dosis, 2 cucharadas en medio vaso de agua caliente azucarada antes de entrar el frio. Para usar este remedio, debe primero limpiarse el estómago con un vomitivo, y al día siguiente un purgante. Se ha observado que esta receta obra muy bien cuando las calenturas son de carácter nervioso u ocurren en mujeres descoloridas y mal regladas.

S

Sal común o de cocina. — Es un purgante suave, fácil y barato. Se disuelve onza y media o dos onzas de sal en medio vaso de agua caliente y se administra de una sola toma.

Conviene este purgante cuando no hay inflamación en el estómago y es necesario avivar su energía.

La sal tomada en suficiente dosis al interior mata las lombrices e impide su reproducción si se carga de ella los alimentos.

El vinagre salado o con sal, y aplicado por algunas horas en paños fríos, es el mejor remedio resolutivo de los golpes y de los tumores inflamatorios agudos.

La inmersión de un miembro golpeado, en agua salada constantemente fría, por un par de horas o más, produce todavía mejores resultados.

Mucho se han alabado las virtudes de la sal común administrada al interior contra las calenturas intermitentes y para combatir la tisis pulmonar.

La tos frecuente y rebelde se alivia tomando el paciente pequeñas dosis de sal en la boca y tragando la saliva.

Mr. A. Latom insiste en recomendar la sal marina contra la tisis, añadiendo una alimentación corroborante y el ejercicio.

Mezclando la sal tostada con manteca de puerco, se hace una pomada resolutiva de las inflamaciones de la cara ocasionadas por el dolor de muelas.

Chuponeando o fomentando con salmuera caliente, o bañando con ellas las coyunturas inflamadas, o la cabeza, se alivian o curan los dolores de esas partes.

En los dolores crónicos nerviosos del estómago, los fomentos fríos de salmuera sobre la misma parte causan alivio.

Píldoras antitísicas.

Sal común, ochava y media. Polvos de la almendra o semilla tostada de encina, ochava y media. Conserva de rosas, cantidad suficiente para hacer píldoras de tamaño regular. Se toma una cada hora durante algunos meses. Es una eficaz medicina, superior a las más afamadas de las boticas. Tiene la ventaja de fortalecer al enfermo y de oponerse al esputo de sangre.

Los antiguos egipcios daban el nombre de *nairon* a la sal de cocina, y se servían de ella para conservar como embalsamados los cadáveres de sus muertos. Con ese fin, sacaban las entrañas al cuerpo y los sesos al cráneo; llenaban de sal los vacíos; exponían el cadáver al sol, y cuando estaba bien seco y salado, lo fajaban con tiras de lienzo y en sepulcro, cavado en una roca, lo colocaban y tapaban herméticamente.

Bajo el epígrafe "El arte de vivir 100 años", un profesor de la Universidad de Gante, el Doctor Burgrave, ha dicho lo siguiente: "La sangre es el gran regulador de la salud". Pues bien, si la sangre es bastante espesa, la sal tiene cualidad de aligerarla, y si la sangre es pobre, la sal le restituye sus buenos elementos.

La sal es un buen preservativo de muchas enfermedades, y con su uso bien dirigido puede llegarse a la edad de 100 años, de lo cual sobran ejemplos.

En Sajonia, a beneficio del uso de la sal, de que carecían muchos pobres, sólo los mineros que la usaban en abundancia se salvaron de una terrible epidemia en el siglo pasado. Con eso se dio la sal como remedio y la epidemia desapareció".

Un periódico europeo ha dado la siguiente receta para curar la jaqueca: "Al sentirse los primeros síntomas se debe tomar de media a una cucharada de sal, según la edad y naturaleza del paciente, bebiendo este enseguida un poco de agua fresca. Este remedio, tan simple, basta para que desaparezca el ataque".

Sal de nitro-nitrato de potasa (Salitre de los coheteros). — Refresca la sangre y aumenta la orina, oponiéndose también a la putrefacción. Es muy recomendable en las calenturas ardientes y en otras enfermedades inflamatorias; en la viruela, la escarlatina, el reumatismo agudo de las coyunturas y en la hidropesía, contra la cual se administra una ochava todos los días en dos vasos de agua de goma o en uno de cerveza.

En no pocos casos de indigestión produce satisfactorios resultados esta medicina a la dosis de cuatro granos, tres veces al día en agua de manzanilla.

Las mujeres sanguíneas, especialmente las embarazadas que padecen de fuertes irritaciones y dolores de muelas, sienten con el nitro mucho alivio. A una onza de cremor se le pone una ochava de salitre; se mezclan bien y se hacen ocho papelitos para tomar uno cada tres horas en agua de grama o tamarindada.

Salvia (Salvia splendes). — Las hojas son excitantes; proporcionan una medicina algo astringente, tomándose la infusión de ella al interior; y aplicada en fomentos es resolutiva y detersiva. El cocimiento o té de salvia se usa para calmar las enfermedades de los nervios, particularmente los dolores de cabeza y del corazón, constituyendo una bebida agradable.

Sambrano. — Planta como de dos metros de altura, familia de las leguminosas, de flores amarillas agrupadas en forma de cono. La raíz es sudorífica, de uso contra el reumatismo, la ictericia y las congestiones del hígado. La dosis del cocimiento, como bebida, es de una botella al día.

Sangre de dragó (Therocarpus graco). — Es una leche o jugo rojo que por medio de incisiones vierte el tallo de un arbusto parecido al piñón o tempate.

El jugo de una o dos cucharadas, disuelto en media botella de agua de rosas, se administra en bebida contra los flujos sanguíneos y las diarreas crónicas.

También se aplica sobre las úlceras de la boca y para enjuagatorios con el fin de limpiar y fortalecer la dentadura.

Evaporando al sol el jugo de que se trata se obtiene la masa seca que se vende con el mismo nombre en las boticas, y cuya dosis es de 12 a 24 granos diarios.

Sapo (Bufo). — Parecería ridículo tratar en medicina de este animal tan feo y repugnante, si no fuera por las incontestables virtudes que posee.

Un sapo abierto, sin tripas, se pasa repetidas veces sobre un órgano atacado de erisipela, y de manera notable, la afección local se alivia.

Para vencer el horror que causa el aspecto del sapo, puede hacerse de él una fuerte tintura en aguardiente, y de ella hacerse frecuentes aplicaciones sobre la parte enferma.

La piel fina que tiene el sapo debajo de las mandíbulas, cortada y aplicada de momento por el lado carnoso sobre los panadizos que no han podido resolverse, alivia el dolor y abrevia la supuración.

Debe tenerse presente que el humor lechoso que expele de la piel el sapo es muy cáustico y venenoso, pues inoculado a los pajaritos los mata a los cinco o seis minutos, a los perros y terneros en una hora, después de practicada la inoculación, causándoles convulsiones y adormecimiento. Sabedores los salvajes de la actividad de ese veneno, envenenan con él sus flechas, y su herida es prontamente mortal.

Cociendo cualquier sustancia alimenticia con un sapo en suficiente cantidad de agua, se convierte en un veneno activo para el animal que la ingiere en su estómago. Es un hecho vulgarmente sabido.

Sauce (Salix). — La cáscara es un buen tónico, y se han alabado los polvos de ella misma para curar las calenturas comunes, tomándolos a la dosis de dos cucharadas al día, o media botella del cocimiento.

Cataplasma contra la gangrena.

Polvos finos de la cáscara de sauce, 2 onzas. Ruda molida, 2 onzas. Aguardiente, vinagre y liquidámbar, partes iguales, en cantidad suficiente para formar una cataplasma. Aplicada sobre la parte gangrenada es eficaz.

Sauco (Sambuens canadensis). — Las flores son sudoríficas, y se prescribe la infusión en las afecciones catarrales, eruptivas y reumáticas.

Las flores del árbol llamado *uvito* o *tigüilote*, surten los mismos efectos.

La infusión fuerte de cogollos de saúco, tomada fría o caliente, según un respetable autor, cura las calenturas tercianas de una manera inesperada. Debe usarse este remedio tres o más días seguidos.

Polvos contra la erisipela.

Flores de saúco y afrecho, partes iguales, se pulverizan bien y se aplican con una venda sobre la parte enferma.

Dícese que los polvos de la flor de saúco, tomados en vino blanco, aclaran la voz. Las hojas de la planta suprimen la leche a las mujeres que despechan sus niños, cubriendo las mamas o pechos con ellas.

Sauquillo o yerba del fraile. — Planta común de las comarcas cálidas en la América Central. Es purgante enérgico. Un solo grano o semilla produce varias deposiciones de vientre, y dos, purgan fuertemente. Cinco o seis hojas de esa planta, cocidas en poca agua, con un puñito de sal, y comidas como ensalada, purgan con seguridad.

Cree el vulgo que si se arrancan las hojas de los tallos para arriba producen efecto de vomitivo; y si para abajo, de purgante. Siendo eso así, se explicaría el fenómeno para la circunstancia de que las hojas cortadas para abajo llevan una parte de la cáscara del tallo, que quizá solo sea purgante.

El aceite que se extrae de las semillas, purga a la dosis de 2 a 5 gotas.

Este purgativo da buenos efectos en las afecciones del hígado, en las hidropesías, en las constipaciones o estreñimientos tenaces, y se recomienda contra las lombrices comunes y solitarias. A dosis alta puede esta medicina causar envenenamiento. El contraveneno es el aguardiente mezclado con agua.

Sebo. — El de vaca, derretido en un poco de agua y bebido a la dosis de una ochava, corrige y alivia los dolores de estómago antiguos. Mezclado con polvos de alhucema y de canela, y aplicado el emplasto por algunos días sobre las inflamaciones empedernidas, las resuelve con toda seguridad.

El sebo mezclado con jabón, a partes iguales, y bien batido con un poco de aguardiente, alivia los callos doloridos aplicándolo sobre ellos.

Siempreviva (Sedum involocratum). — El cocimiento de las flores es antiafrodisiaco, quita la sed y es útil en las fiebres ardientes.

Siguapate. — Trae su etimología de dos voces indígenas: *siguat*, mujer, y *pate*, remedio; es decir, *remedio de la mujer*; y, en efecto, el cocimiento de la hoja, como bebida, alivia la menstruación penosa y facilita el parto.

Las hojas, untadas de manteca de azahar y aplicadas sobre las partes atacadas de reumatismo, producen buenos efectos. La cataplasma de las hojas, aplicada sobre las partes doloridas, da los mismos resultados.

Sonzapote. — La fruta es pastosa en la superficie y debajo de la cáscara. Es aromática, dulce y sabrosa. El cocimiento de la almendra o semilla es provechoso contra las diarreas crónicas, y obra de una manera especial administrado en lavativas contra los cólicos biliosos.

Sulfatillo, sulfatón o caballerito. — Planta pequeña de tallos débiles, cuadrados y frágiles. La hoja es como de una pulgada de largo, en figura de corazón y recortes a la orilla. Echa una panoja de flores pequeñas alternadas, labiadas y de color morado. Toda la planta es amarga, y el cocimiento de ella cura las calenturas intermitentes o comunes, lo mismo que lo hace el sulfato de quina. Por su facilidad, el uso de este remedio es recomendable.

Tabaco (Nicotina tabacum). — Es irritante, y en alta dosis es un veneno activo. Se administra interiormente en los catarros e hidropesías. Se usa el cocimiento en lavativas para matar las ascárides, *bichos* y en los casos de sofocación, apoplejía, parálisis y hernia estrangulada. Es eficacísimo también el cocimiento en lavativa para hacer evacuar a un enfermo, a quien con ningún purgante se le ha podido producir el mismo efecto. Al exterior se aplica contra la tiña, la sarna y para matar a los gusanos.

Los químicos Bon y Goel dicen haber descubierto que el tabaco encierra varios venenos, entre ellos el ácido prúsico.

Las lavativas de cocimiento de tabaco, como antes dijimos, son eficaces en los casos de estreñimiento, incorregible por los purgantes más fuertes, y aun contra el cólico miserere, habiéndose ya salvado de la muerte varios enfermos en semejantes ocasiones.

Agotadas las medicinas prescritas por los facultativos en un caso de esos, sin ningún efecto, un campesino aconsejó se cociese la tercera parte de un puro grande de tabaco en tres cristales de agua, y se administrase el cocimiento en lavativas. Así se verificó, y a los pocos minutos, el paciente, que moría de desesperación y dolor, evacuó copiosamente, quedando libre de su terrible dolencia. Este hecho nos constó de vista, y admiramos los felices efectos de la indicación del campesino, aunque no los extrañamos, porque obrando el tabaco análogamente a la belladona, natural era que, aplicándolo a los intestinos directamente, los aflojara y produjera la evacuación.

Las bestias caballares o mulares atacadas de dolor por estreñimiento, de la cual se mueren casi las más, se curan también con seguridad aplicándoles las mismas lavativas; pero en este caso debe ser de 2 a 3 onzas la dosis del tabaco que ha de ponerse en el cocimiento.

Téngase presente, como lo hemos advertido, que el tabaco es muy venenoso. La dosis interna no debe pasar de 6 granos, y para lavativas, no pasará el cocimiento de llevar una dracma de la hoja seca.

Las hojas verdes del tabaco, untadas de aceite o de manteca de azahar, calentadas y puestas en la frente, alivian el constipado y algunos dolores de cabeza.

Varios autores, fundados en la experiencia, opinan que el fumado del tabaco es un preservativo contra el contagio de la fiebre tifoidea.

Cerato contra los herpes.

De jugo de tabaco verde y cera amarilla, 3 onzas de cada uno. De trementina, 2 onzas y media. De aceite, cantidad suficiente. Se hierven hasta reducirse a cerato y se unta el lugar herpético.

Se ha descubierto que las emanaciones del tabaco son preservativas del cólera morbo. Al efecto, en Valencia se observó en la última epidemia del cólera, y también en la República Argentina, que las envolvedoras de tabaco o pureras en las fábricas no sufrían el contagio.

La ceniza de tabaco, humedecida y restregada sobre los jiotes o herpes circinatus, mata a los microbios, y de ese modo, la erupción desaparece.

Talco. — Mineral blanco, verdoso, suave al tacto, lustroso, que se encuentra regularmente en hojas muy delgadas sobrepuestas unas a otras.

Se ha recomendado por algunos médicos la administración del talco reducido a polvo contra la diarrea crónica, a la dosis de dos dracmas diarias.

Tamarindo (Tamarindus índicus). — La infusión de los frutos maduros, privados de la cáscara, es una bebida refrigerante muy propia para combatir las fiebres ardientes y biliosas. El cocimiento de las flores es un excelente sudorífico y anti bilioso.

La pulpa o melaza del fruto, aplicado sobre los nacidos o diviesos, los hace supurar luego.

Infusión.

Tamarindos maduros privados de la cáscara y semillas, una onza. Agua hirviendo, una botella. Déjese en infusión un cuarto de hora. Se cuela sin exprimir y se le añade azúcar.

Para conservar los tamarindos.

Tamarindos sin cáscara y sin semillas, una parte. Azúcar, dos partes. Se muelen y guardan para el uso.

Tapa (Datura stramonium). — Es planta muy venenosa que, aun en pequeñas dosis, causa locura y otros desórdenes. Es excitante y narcótica.

Se usa para curar el reumatismo nervioso, los dolores de la misma especie y las convulsiones.

Tranquiliza a los locos y les procura el sueño.

Fumando las hojas secas como se fuma el tabaco, se alivia el asma; y mejor, si al estar fumando se bebe café. Dosis de los polvos para tomar todo el día, 4 a 8 granos.

El cocimiento de las hojas, mezclado con harina de linaza, constituye una excelente cataplasma calmante para los dolores locales.

Tintura.

Semillas de tapa molidas, media onza. Aguardiente fuerte, 12 cucharadas. Se tapan y dejan al sol en una botella por ocho días. Dosis, de 8 a 12 gotas al día, aumentándola con prudencia.

Tiburón. — El tiburón da un aceite, el cual, extraído con limpieza, según el doctor Delattre, ofrece principios más activos que el de bacalao, pues contiene más yodo y fósforo, aunque su olor es más nauseabundo.

Lo mismo el aceite de raya puede reemplazar al de bacalao. Se obtiene hirviendo en agua los hígados de la raya, recogiendo el aceite que sobrenada, y se filtra por un pedazo de franela, exprimiéndolo suavemente.

Tigüilote o urbito. — Las flores tienen las mismas virtudes que las del saúco. El cocimiento de la cáscara del palo es benéfico en la disentería, tanto en bebidas como en lavativas.

Tortuga. — Anfibio de concha fuerte, que se halla regularmente en los pozos o lagunas de agua dulce. La carne es comestible, y los caldos purifican la sangre.

Los que padecen de erisipela encuentran en este animal un remedio apropiado. El paciente debe tomar los caldos por algún tiempo, y untar la sangre del mismo animal en la parte erisipelatosa.

Una variedad de tortuga pequeña llamada *culuco* es la mejor.

Trementina de pino u ocote. — Usada interiormente excita y acalora; obra sobre los órganos del pecho y de la orina, y se usa contra los catarros crónicos, las purgaciones y las diarreas mucosas. Dosis interior, 10 a 15 granos al día en píldoras.

La célebre agua de gondrón se prepara de la manera siguiente: alquitrán puro de los coheteros, una parte. Se infunde en 8 de agua fría por ocho días. Dosis interna, de 8 a 12 cucharadas al día en agua azucarada. Esta agua es muy recomendable contra los catarros crónicos, tanto de los bronquios y pulmones, como de la vejiga y la vagina. También es útil contra la dispepsia o mal del estómago, el escorbuto y los flujos podridos del oído y otros órganos, administrándolo en inyecciones como tópico.

La pomada de gondrón es uno de los mejores remedios contra los herpes, especialmente escamosos. Se prepara esa pomada con una parte de gondrón o alquitrán y cuatro de manteca, derritiéndolos ambos suavemente.

Tuna (Captus opuntia L.). — Arbusto espinoso bien conocido. Hay una clase silvestre y otra cultivada llamada *nopal*, que es de la que se usa comúnmente en medicina. La hoja o penca es emoliente, y puede en todo suplir a la linaza. Después de quitadas las espinas, o pelada la hoja, se muele, se cuece con un poco de aceite y se aplica en cataplasma sobre las inflamaciones, especialmente del hígado o del estómago. Si a la cataplasma se le vierte antes de aplicarla un poco de aceite, es más eficaz. Si se le añade una cucharada de buen láudano, su efecto calmante del dolor es seguro.

La goma de tuna en cocimiento es un buen remedio para la tos. Media onza de goma se cuece en dos cristales de agua y se toma en el día.

Los pétalos rojos de las flores, molidos y disueltos en agua de azúcar, se administran con mucha ventaja contra las purgaciones, las cuales con solo eso desaparecen algunas veces.

El fruto maduro de la tuna, disuelto en agua con los granos rojos de la granada astringente común, estando madura, proporciona un remedio excelente y agradable contra la disentería de sangre: está probado.

La disolución puede hacerse así: frutos maduros de tuna silvestre o cultivada, 4 onzas. Granos de granada madura, 2 a 4 onzas. Se trituran con la mano en tres vasos de agua, se cuela y se toma al día.

U

Uva (Vitis vinífera). — Su jugo o agraz se usa en los casos en que son indicados los ácidos vegetales, como el de limón, naranja, etc.

V

Vainilla (Epidendrum vainilla). — Reanima y corrobora: es un regular afrodisiaco. No sienta bien a las personas que tienen el vientre irritable.

Tintura.

Vinilla, una parte. Aguardiente, 10 partes. Se deja al sol ocho días en una botella tapada. Esta tintura es excitante, nervina y analéptica. Dosis, 40 a 60 gotas en un poco de vino.

Venado o ciervo. — La carne es muy sana, y su uso continuado prolonga la vida.

El sebo de venado, derretido en agua de manzanilla, es provechoso como bebida pectoral al fin de los dolores de costado, a la dosis de tres cucharadas al día.

También es madurativo aplicado sobre los tumores. Si se ha de dar crédito a Filiberte, tomando las limaduras del cacho de venado en un poco de vino por algunos días, se mueren los piojos que tenga la persona que las tome.

Verdolaga (Pertulaca parvíflora). — Se usa como alimento, y aprovecha a las personas irritables y estreñidas. Se asegura que el jugo de esta yerba es un poderoso remedio contra la tenia o solitaria, a la dosis de 3 cucharadas cada cuarto de hora, en ayunas.

Verdor de los campos. — Recrea mucho, reanima la vista y es muy útil a los enfermos.

Vinagre. — Con él se acidulan las tisanas comunes para el tratamiento de las calenturas inflamatorias. Promueve un sudor suave, se opone al escorbuto, y es antídoto contra el envenenamiento por el opio.

Disuelto en agua fría con sal, sirve para fomentos sobre los golpes o inflamaciones.

Las lavativas de agua acidulada con vinagre refrescan mucho y alivian las afecciones biliosas. El vinagre fuerte, aplicado sobre los herpes, es uno de los mejores medios para destruirlos.

Oxicrato.

Vinagre, 6 cucharadas. Agua, una botella. Azúcar, 4 onzas. Mézclese y cuélese. Es tisana recomendable desde la antigüedad en las enfermedades inflamatorias.

Vino. — El vino añejo de buena calidad, usado con moderación en las comidas, conviene a los escrofulosos y a las personas débiles y descoloridas; pero es contrario a las que padecen del estómago.

En las fiebres bajas con postración es muy útil el buen vino mezclado con agua o limonada, según los casos.

También la vid que produce la uva, *vitis vinífera*, ofrece en sus hojas un singular remedio contra la ebriedad habitual. De un acreditado periódico, tomamos a ese respecto el siguiente relato:

Un remedio heroico. De *El Americano*, de San Fernando de Apure, recortamos el siguiente contra la ebriedad:

"Tómese medio vaso de zumo de hojas de parra, agréguese igual cantidad de aguardiente de caña, endúlcese con azúcar y bébase esta poción una vez al día, por tres consecutivos, teniéndose cuidado de no tomar durante ellos ninguna clase de licor, pues de lo contrario no tiene efecto el medicamento.

La facilidad con que puede administrarse este remedio es igual a su probada eficacia".

Las siguientes son palabras de Hipócrates: "El vino es cosa maravillosamente apropiada al hombre si en el estado de salud, como en el de enfermedad, se le administra con oportunidad y justa medida, según la constitución individual". *Potentissimum emnium cordiacorum es vinum*, dice Etnusler.

Conviene saber el siguiente aforismo: Las mujeres que abusan del vino tiene menstruaciones abundantes; se hacen estériles o propensas al aborto.

Vivorana (Asclepias curassavica). — Planta de una a dos varas de alto, y las flores en panoja de un rojo encendido, con estambres amarillos. La leche que fluye de la planta al cortar las hojas o los ramos es un vomitivo seguro y el más activo veneno contra las lombrices. Seis u ocho gotas en un poco de agua es la dosis para los niños pequeños.

X

Xabia. — Árbol grande, bastante copado, de hojas muy verdes y parecidas a las del *bamboy*. Es lechoso, y el fruto es redondo con muchas celdillas, conteniendo una almendra en cada una de ellas.

La leche, tomada interiormente, es un veneno activo; al exterior obra como vejigatorio. La mitad o una de las almendras, mascándola y tragándola con agua, hace un purgante fuerte parecido al de piñón o tempate. Su contraveneno es el aguardiente.

Y

Yerbabuena (Menta piperita). — Es muy recomendad para las afecciones nerviosas del estómago y los cólicos ventosos. Se la emplea también en el periodo frío del cólera, y alivia el asma húmeda.

Bueno es observar que, cuando la mata permanece más de tres años sobre un mismo terreno, casi pierde su aroma y sus virtudes.

La yerbabuena disminuye la leche en las crianderas. Esta substancia debilita la fuerza prolífica de los sexos y el poder generatriz. Está recomendad en infusión contra el vómito y el cólico nervioso.

Z

Zarzaparrilla (Smilax zarzaparrilla). — La raíz de planta del mismo nombre es honor de las producciones vegetales indígenas, y medicina de las más preciosas que enriquecen nuestros bosques. Las raíces, las hojas y los tallos de la planta contienen poco más o menos las mismas virtudes. Es algo estimulante y sudorífica; pero en lo que su eficacia es incontestable es en las enfermedades sifilíticas, reumáticas, sarnosas y discráticas, y en algunos casos de cáncer, diarrea, dolores de cabeza e indigestiones. También cura las enfermedades causadas por el mal uso del mercurio, las manchas de la piel, diversas erupciones y las úlceras sifilíticas o escrofulosas.

El método más sencillo, y quizá el más eficaz de administrar la zarza, consiste en hervir todos los días una onza y media de la raíz, bien machacada, en dos botellas de agua, hasta que se reduzca a una, y esa es la dosis para beberla en todo el día, continuando su uso por un mes o más.

También se usa el polvo de la raíz tostada en el horno, a la dosis de 2 a 3 cucharadas al día en agua de azúcar. De esa manera se han curado diarreas crónicas muy rebeldes, y se ha detenido el progreso de tumores cancerosos alarmantes.

El enfermo, al sujetarse al uso de esta medicina, debe purgarse antes, y al concluir del tratamiento, permanecer muy abrigado, evitar el sereno y todo enfriamiento; abstenerse de comer carne salada y de puerco, y de toda comida y bebida irritantes, haciendo consistir su dieta en sopas, huevos, leche y otros alimentos igualmente sanos. Si muchas veces no ha correspondido esta medicina a sus altas recomendaciones, es por el descuido con que se ha administrado, por su corta dosis o por el poco tiempo de su administración. Es un error el de que la zarza es caliente; es solamente un depurativo, Hay, a la verdad, personas muy debilitadas o nerviosas que no resisten la acción de esta medicina. Su debilidad con la zarza hace progresos, y los males de nervios se aumentan; pero tales personas son excepcionales, y aun ellas podrían tomar con gran provecho aquella medicina, sin inconveniente alguno, a dosis moderadas.

El principio curativo de la zarza está en la cascarita de la raíz, no en la parte harinosa. Un tratamiento completo para combatir la sífilis exige tomar el cocimiento completo de dos onzas diarias, y siendo conveniente hasta tres, por algunos meses.

Zorrillo (Vívera zorrillo). — Pequeño cuadrúpedo, hediondo, bien conocido. La experiencia ha probado que los polvos del hígado de zorrillo y de los bofes son un medicamento precioso en los dolores de costado de los ancianos y personas débiles en que predomina la postración. Estos polvos tienen las mismas virtudes que el almizcle; y como este, quizá sea más aplicable contra graves enfermedades nerviosas.

Los polvos se preparan tostando bien, sin quemar, las entrañas ya referidas, y moliéndolas enseguida. Se administran a la dosis de una dracma dos veces al día. Obran como medicina restaurante y antiespasmódica en las fiebres bajas de mal carácter.

PARTE SEGUNDA: FORMULARIO DE RECETAS DOMÉSTICAS

AYUDAS O ENEMAS. Para recibirlas, el paciente debe acostarse sobre el lado derecho.

Se administran

De agua común para aliviar el dolor de cabeza y facilitar el régimen en caso de estreñimiento.

De agua con sal de cocina o purgante, con cañafístola o aceite de castor para purgar los intestinos.

De cocimiento de linaza en las irritaciones o inflamaciones del vientre.

De cocimiento ralo de almidón, con o sin láudano (25 gotas) en la disentería, la diarrea, los dolores de estómago y para contener los vómitos.

Del cocimiento de quina del Perú, o con sulfato de quinina para curar las calenturas.

De cocimiento de malva con sal de nitro para aliviar el ardor o retención de orina.

De salmuera fuerte para matar a los bichos o ascárides.

De cocimiento de epasote o apasote para matar a las lombrices.

De cocimiento de ruda o artemisa en los dolores nerviosos del vientre y contra las ventosidades.

De caldo, de leche y de yemas de huevo disueltas en agua tibia, para nutrir al enfermo cuando no puede alimentarse por la boca.

Las lavativas de cocimiento de tabaco son un poderoso contraveneno de la estricnina. Se prepara con una dracma de hoja seca de tabaco cocida en media botella de agua.

PURGANTES. Los hay drásticos o fuertes, como el mechoacán, aloe, la jalapa, etc.; y laxantes o suaves, como la cañafístola, los tamarindos, el maná, etc. Los primeros son dañosos a las embarazadas, a los que padecen de disentería, almorranas o están débiles. Regularmente se administran en la apoplejía, hidropesía y reglas detenidas. Los laxantes son propios para el tratamiento de las disenterías, de las enfermedades biliosas y de las fiebres pútridas.

En la administración de los purgantes debe guardarse dieta, pues de hacer lo contrario resultan disenterías, indigestiones o hidropesías.

Los purgantes, según Hoffman, son perjudiciales después de un acceso de cólera.

Purgante de aceite de castor.

Aceite de castor, 3 cucharadas regulares. Agua azucarada, tibia, 6 cucharadas. Conviene esta purga a las recién paridas, en los cólicos, en las indigestiones violentas acompañadas de convulsiones, en las enfermedades del vientre y en las de los niños, en dosis proporcionadas a su edad.

Purgante de maná.

Maná, onza y media. Agua común o de linaza, un cristal. Disuélvase, cuélese y adminístrese en dos tomas, una cada media hora. Es muy adecuada para las embarazadas, y es un excelente remedio en la disentería.

Purgante de cañafístola.

Cañafístola machacada, lo que mide una cuarta y cuatro dedos. Anís, una dracma. Cuézanse en un vaso de agua, cuélese el cocimiento, y adminístrese de una toma. Es un purgante fresco y propio contra las calenturas crónicas acompañadas de ictericia.

Purgante de mechoacán.

Polvo fino de la raíz de mechoacán, dos dracmas disueltas en un poco de agua azucarada para una sola toma. También una dracma de mechoacán con media onza de cremor tártaro proporciona un fuerte purgante. Conviene en los casos de hidropesía, de apoplejía y para obrar como derivativo en los incordios e inflamaciones externas de consideración.

Purgante de sal de Inglaterra.

Sal de Inglaterra, una a una y media onza. Agua azucarada, medio vaso, para una sola toma. También puede componerse este purgante de una onza de sal y media de cremor tártaro.

Conviene en las calenturas comunes y en los casos ordinarios en que predomina la bilis.

Purgante de ruibarbo.

Ruibarbo nuevo y bueno, en polvo, una dracma. Agua, 8 cucharadas. Se disuelve bien para una sola toma. Este purgante entona el estómago; es el que menos debilita y que más conviene en las diarreas, pues pasado su efecto evacuante, produce estitiquez.

Es el mejor purgante para los niños y para los ancianos, y produce felices cambios en la economía.

Purgante de magnesia.

Magnesia calcinada, una dracma. Se disuelve en un poco de agua azucarada y se administra en una sola toma. Es eficaz en las graves indigestiones en que el enfermo experimenta ansiedades y desfallecimientos, y cuando predomina la acidez en el estómago. Es el mejor purgante para los niños que sufren diarreas de color verdoso o *mucle*, como las llama el vulgo.

Purgante de cremor.

Cremor tártaro, una onza. Agua azucarada, medio cristal, para una sola toma. Esta purga relaja el estómago, y solo conviene a las personas fuertes y en los casos inflamatorios.

Purgante de jalapa.

Jalapa en polvo, una dracma. Agua común o azucarada, 8 cucharadas, para una sola toma. Es poco repugnante y de buen efecto. La purga, compuesta de 40 granos de jalapa y 10 de calomel, administrada en un poco de miel rala, es excelente contra las obstrucciones del hígado y del bazo, o en las fiebres biliosas; pero requiere dieta.

Tisanas.

Quizá la mejor tisana para los enfermos es el agua común como bebida, fresca o tibia, según los casos, pues en las enfermedades del pecho no se debe dar fría.

Aunque vulgarmente se cree que con las tisanas se hace mucho en la curación de los enfermos de calenturas, lo cierto es que, con diversos brebajes y cocimientos, lo que se consigue es trastornar la digestión al paciente y sobrecargarle el estómago. Sin embargo, en los casos de resfriados conviene la infusión de saúco. En los dolores de costado, el cocimiento de cebada, de culantrillo, parietaria o borraja silvestre, *cola de alacrán*.

En las irritaciones intestinales, el cocimiento de linaza, y en las afecciones nerviosas, la infusión de hojas de yerbabuena, de naranjo, de salvia o de azahares. En casos especiales, cada vegetal tiene sus virtudes, de que ya se ha hablado en los lugares respectivos, y se toma el cocimiento.

Unturas.

En el reumatismo y las convulsiones, son útiles las de aceite alcanforado, de aceite y espíritu de trementina, partes iguales, de manteca, de azahar; y en los dolores agudos, el aceite nervino o el aceite común mezclado con buen láudano.

VOMITIVOS

Es el remedio más natural; promueve el sudor y causa un sacudimiento saludable.

Convienen los vomitivos cuando hay amargor o pastosidad en la boca, para calmar las enfermedades nerviosas, los reumatismos y la demencia. No convienen cuando hay inflamación de estómago, cuando el paciente tiene la lengua seca y roja, y cuando hay vómitos continuos y estítiquez. Tampoco conviene en la preñez, la menstruación y cuando hay hernias o quebraduras o disposición apoplética.

Solo en los casos urgentes debe administrarse el vómito de una vez; lo más seguro es dividirlo en cuatro partes, o mejor, cucharadas, y dar una cada cuarto de hora hasta obtener los primeros vómitos.

Vomitivo de ipecacuana,

Ipecacuana, 28 a 30 granos. Agua, 4 cucharadas. Adminístrense dos cucharadas cada media hora. Al iniciarse el vómito, facilítese tomando algunos vasos de agua tibia.

Este vomitivo es el más suave para los niños, ancianos y personas débiles. Conviene en los casos comunes cuando hay catarro y calentura, y en las toses crónicas. En las disenterías o diarreas es una recomendable medicina; pero entonces se administran dos granos cada hora para que obre con suavidad y mejor éxito.

Vomitivo de tártaro emético.

Tártaro, 2 granos. Agua, 6 cucharadas. Se administra una cucharada cada cuarto de hora. Al comenzar el vómito, deja de administrarse el emético, y se favorece dando al enfermo algunos vasos de agua tibia. Es vomitivo fuerte y debe administrarse con prudencia.

Disuelto el tártaro en un vaso de limonada y bebido por partes, obra con más suavidad como purgante.

El tártaro emético, *nótese bien*, es un remedio heroico contra el dolor de costado o pulmonía cuando las sangrías no convienen o no han producido alivio en el dolor y la calentura; pero en este caso, el tártaro debe administrarse así: tártaro emético, 6 granos. Agua de cebada, 32 cucharadas. Se mezcla bien en una botella, y se administra una cucharada cada hora, cuidando de que el enfermo esté abrigado para favorecer el sudor. Puede seguirse ese tratamiento por tres días hasta dominar la enfermedad. No hay que temer la crecida dosis del tártaro, pues al fin se establece la tolerancia; y es sabido que poca cantidad del tártaro induce más a vómito que una grande.

PROCEDIMIENTOS CURATIVOS Y OPERACIONES COMUNES

Curación de las llagas.

Hay llagas de mal carácter que presentan una carnosidad negruzca e infecta. Ellas se verifican en personas malhumoradas, cuya sangre es necesario depurar por medio de la zarzaparrilla o el yoduro de potasa, superior en esos casos a todo otro remedio. El yoduro puede dosificarse así: yoduro de potasa, una onza. Agua de la más pura, una botella. Se disuelve el yoduro en ella y se tapa. De esa agua tomará el enfermo una cucharada de regular tamaño por mañana y tarde, en un poco de agua azucarada.

Este tratamiento conviene no solo a los que padecen de úlceras sifilíticas, sino también a las que las tienen de naturaleza escrofulosa o sarnosa.

El mejor tratamiento exterior se reducirá a lavar la llaga todos los días con una disolución suave de piedra lipis (sulfato de cobre), y cubrirla enseguida con hilas secas. De esa manera, y con la medicina interna, la úlcera se limpia y cicatriza en poco tiempo.

Los ungüentos comunes y aceites son más bien perjudiciales a la curación. El paciente debe, al mismo tiempo, arreglar su alimentación. No debe comer marrano, cosas grasosas, agrias, picantes ni frutas. Tampoco beber café ni líquidos irritantes.

Curación de las heridas.

Lo primero en ella será extraer de la herida cualquier cuerpo extraño que se les haya quedado adentro, cortar el pelo si lo hubiese, y detener la hemorragia. Enseguida se lavará la herida con agua fría sola o mezclada con aguardiente, según los casos, y, por último, se cubrirá con hilas secas o algodón cardado, poniendo encima una compresa amarrada suavemente con una venda.

Para detener la hemorragia, se vierte sobre la herida percloruro de hierro líquido, o se ponen unos polvos de alumbre, nacascolo o vaqueta quemada sobre el punto de donde sale la sangre y se comprime la herida. También para contener la hemorragia, cuando no cede, se puede ligar la parte un poco arriba de la herida y cauterizarse la vena o arteria por donde sale la sangre con un clavo de hierro enrojecido al fuego. La ligadura no debe pasar de cuatro horas por el riesgo de que se gangrene la parte separada de lo demás del cuerpo con la misma ligadura.

En las heridas graves y complicadas debe llamarse sin demora un facultativo.

Cuando las heridas son extensas, deben hacerse unos puntos de costura con buena aguja y hebra de seda para unir los labios de la piel dividida.

En las heridas del rostro deben reunirse sus labios con tafetán adhesivo o esparadrapo para evitar una cicatriz deforme y tardía.

Los heridos deben permanecer en cama, quietos y a dieta con alimentos muy suaves; purgarse y abstenerse de placeres sensuales. Las curaciones deben renovarse cada veinticuatro horas. El cocimiento tibio de cáscara de ginicuite o palo giote es muy apropiado para lavar las heridas en las curaciones, y siempre se aplicarán hilas secas.

Fuentes o fontículos.

Se establecen con mucho provecho en los brazos para curar las enfermedades de la cabeza y de los ojos para impedir la apoplejía y para las enfermedades del útero.

Para esto último, los fontículos se abren en las piernas.

Se tiene como cierto que los propensos al dolor de costado no vuelven a padecer esa enfermedad abriéndose una fuente en el brazo del lado del dolor, y manteniéndola siempre abierta.

Para abrir la fuente basta producir una pequeña ampolla en el lugar correspondiente. Se levanta entonces la epidermis, y se coloca y comprime sobre la carne con un vendaje, una pelotilla de cera blanca, untada con ungüento supurativo o amarillo. Todos los días debe lavarse el fontículo y renovarse la curación. Una vez acostumbrado el organismo a la supuración del fontículo, es peligro suprimirlo de repente.

Pediluvios o baños de pies.

Convienen en los resfriados, en los catarros o romadizos graves, en las enfermedades de los ojos u oftalmías, y para favorecer el curso de las reglas. Son nocivos cuando hay dolor en las vértebras cervicales (de la nuca), notable fluxión en la cabeza o inflamación en la garganta, pues son frecuentes los casos en que, con motivo del baño de pies, la fluxión cae a los pulmones, al corazón o a otra parte vital, y el enfermo sucumbe.

El agua de los baños de pies no debe ser muy caliente, porque así son dañosos; y si se quiere hacerlos más activos, puede añadírsele un puñado de sal o de mostaza molida.

En los casos de asma o de mal histérico con pérdida del juicio que padecen las mujeres nerviosas, es de instantáneo provecho el baño de pies.

Sangría.

Es necesaria en los casos de inflamaciones internas graves, especialmente cuando hay calenturas, y en la pulmonía o dolor de costado en personas consistentes. En este caso, la sangría puede repetirse hasta tres veces, una cada día, con el fin de dominar la calentura, el dolor y la dificultad en la respiración. Si ese poderosos remedio no se adopta en los primeros días de la enfermedad, el enfermo sucumbe, con raras excepciones, a pesar de todas las tisanas, lavativas y unturas en que confía la ignorancia.

Pero la sangría no debe emplearse en los viejos, ni en personas muy debilitadas, porque no la resisten y mueren con seguridad.

En esos casos, las sangrías locales, por medio de las sanguijuelas y de las ventosas, el vejigatorio y el tártaro emético son más aceptables y no deben omitirse.

Para verificar la sangría se ligará antes el brazo o miembro en que se va a practicar un poco arriba del punto de la vena que se pretende abrir. Abierta que sea, se aflojará la ligadura para que salga la sangre con libertad.

La operación es sencilla, pero se requiera para ella una lanceta fina y de buen filo, tino y presencia de ánimo.

Se toma con la mano izquierda el antebrazo del paciente; con el dedo pulgar de la misma mano se fija la vena que se va a incidir, y, tomándose la lanceta con los tres primeros dedos de la mano derecha, se introduce la punta del instrumento en la vena y se abre de abajo a arriba en una extensión proporcionada de modo que la sangre brote en forma de chorro arqueado, pues si sale a gotas la operación sirve de poco.

Se procurará que la punta de la lanceta no traspase la vena de un lado a otro, porque sería peligrosa la inflamación. La lanceta solo debe interesar la parte externa de la vena.

Solo las venas pueden sangrarse. La sangría de las arterias (que son las venas que palpitan) es muy peligrosa.

Concluida la sangría, que no debe pasar de ocho onzas en los casos comunes, el sangrador debe soltar la liga, y con los dos primeros dedos de la mano izquierda, cerrará los labios de la incisión; pondrá una compresa encima de ella y vendará el brazo, ordenando que el paciente permanezca en quietud, pues se han dado casos en que, dormido el paciente, haya muerto a consecuencia de la hemorragia por haberse soltado el vendaje y abierto la sangría.

Sinapismos.

Se preparan de solo mostaza molida y agua tibia cuando se quieren fuertes, y mezclados con harina cuando suaves.

El vinagre y aguardiente, con que suelen prepararse, quitan su virtud a la mostaza.

Convienen los sinapismos sobre algunas partes dolorosas cuando no hay inflamación, y aplicados a la nuca y a las plantas de los pies cuando hay aturdimiento o fuerte dolor de cabeza. Aplicados sobre el brazo, disminuye su inflamación y cortan algunas veces los fríos y calenturas. Puestos sobre el estómago contienen algunos vómitos y diarreas.

Ventosas.

Las ventosas secas, aplicadas sobre el estómago, son eficaces para aplacar los vómitos; y en los pechos y espaldas, para detener el flujo uterino de sangre.

Las ventosas escarificadas suplen a las sanguijuelas, y convienen cuando las sangrías generales no deben aplicarse.

Vejigatorios o cáusticos.

El mejor vejigatorio es el de cantáridas, y con las del país se puede hacer un buen emplasto, según queda indicado en la voz *cantárida*.

Un parche de levadura humedecida, espolvoreado con polvos de cantáridas, es un seguro vejigatorio.

En caso urgente, se pueden usar para vejigatorio un parche de ajos descascarados y molidos. Su efecto es seguro. Se aplica sobre la piel.

Con la boca de un martillo grande, bien calentado en agua hirviendo y aplicado pocos momentos sobre la piel, la vejigación es instantánea; pero la operación es algo bárbara e inusitable, sino en extrema necesidad.

El vejigatorio más fuerte y durable es el de la hoja de *crespillo*, según se indicó en esa palabra.

Los vejigatorios son de marcado provecho en muchas enfermedades, y constituyen una medicina de alta confianza.

Aplicados a la nuca, contribuye de un modo indirecto a la curación de los dolores y enfermedades de la cabeza y de los ojos. En la pulmonía o dolor de costado es casi siempre de absoluta necesidad poner grandes vejigatorios sobre la región del dolor después de las sangrías. En las fiebres malignas, en que el paciente experimenta postración y aturdimiento, deben aplicarse sobre diversas partes del cuerpo. El éxito en esos casos es con frecuencia admirable.

Puestos sobre la región del hígado, del bazo, de los pulmones, del vientre o del estómago, vencen la inflamación de esos órganos en conexión con las medicinas internas.

Vómitos rebeldes a todo tratamiento han cedido a la aplicación de un vejigatorio sobre la región del estómago.

La curación del vejigatorio es muy sencilla. Formada la ampolla, se abre en algunos puntos con una tijera fina para que salga el agua o linfa y se aplica encima un pedazo de hoja tierna de plátano untada de ungüento amarillo o supurativo. A otro día, por la orilla de la circunferencia del vejigatorio, se va cortando la piel hasta desprenderla toda y dejar la carne viva. La curación con el ungüento se repite a mañana y tarde, y cuando se desea tener la supuración bastantes días, se le añaden unos polvos de cantáridas al ungüento amarillo con que se hace la curación.

MEDICAMENTOS EXTRANJEROS DE USO FRECUENTE, Y CONOCIMIENTO DE SUS PROPIEDADES, EMPLEO Y DOSIS.

Aceite de almendras.

A pequeñas dosis, tomado interiormente, es desinflamante. Se usa al interior en los envenenamientos, en los dolores de costado y toses comunes. En unciones, como emoliente y desinflamante. De media a 2 onzas, se administra como purgante suave.

Aceite alcanforado.

Se aplica en unciones en los dolores reumáticos y nerviosos.

Aceite de castor o ricino.

Se da como purgante a la dosis de 3 a 4 cucharadas y es muy conveniente en los cólicos y contra las lombrices. Es un buen purgante para los niños, en dosis proporcionada.

Bálsamo tranquilo.

Es útil en fricciones contra toda clase de dolores.

Canela.

Es astringente, excitante, y fortalece el estómago. Es útil en el cocimiento de arroz contra las diarreas. El polvo es conveniente para curar los flujos uterinos, a la dosis de una ochava al día. El abuso de la canela suele ocasionar palpitaciones del corazón.

Cerato simple.

Sirve para curar heridas, vejigatorios, quemaduras y grietas de los labios. El cerato simple se prepara derritiendo a fuego suave dos partes de aceite de almendras con una de cera blanca.

Cloroformo.

Un taponcito de algodón empapado en cloroformo y puesto en la picadura de una muela alivia su dolor. Veinte gotas de ese líquido disueltas en una cucharada de aguardiente, con adición de agua de azúcar, es un buen remedio contra la *goma* resultante de la embriaguez. Para aliviar dolores neurálgicos, empápese en cloroformo un pedazo de lienzo, se pone sobre la parte dolorosa, y se cubre con tafetán adhesivo o un pedazo de ahulado.

De aquilón.

Cortado en tiras sirve para juntar los labios de las heridas; y se aplica sobre los nacidos o diviesos y sobre los callos con el fin de calmar los dolores.

Esencia de trementina.

Se usa en fricciones contra los dolores reumáticos y neurálgicos. Hace las veces de un sinapismo si se aplica en un lienzo por algunas horas sobre la parte enferma. Haciéndola inspirar a los niños atacados de tos ferina, mejoran notablemente. Se cura el constipado tomando 6 gotas de esencia de trementina todas las mañanas en un poco de agua de azúcar.

Éter sulfúrico.

Se da a oler bastante rato en los casos de convulsiones, de epilepsia, de histerismo, desvanecimientos y síncope. Frotado en la frente alivia la jaqueca. Se da interiormente a la dosis de 10 a 25 gotas en un poco de agua de azúcar fría en los mismos ataques y en el asma. Es un excelente remedio para disipar la embriaguez. Vertiendo sobre las partes atacadas de erisipela y sobre las quemaduras del éter sulfúrico calma el dolor.

Láudano líquido o de Sidenhán.

Se usa interiormente a la dosis de 15 a 25 gotas para calmar los dolores, producir el sueño y detener las diarreas; contra los ataques de histerismo y la *goma*, resultado de la embriaguez. Administrado en lavativa, se aplica en los mismos casos, y contiene, como por encanto, el vómito que se insinúa al entrar las calenturas intermitentes biliosas, si se administra en una pequeña lavativa y el enfermo no la depone.

No debe administrarse a los niños si no es dosificado y prescrito por un facultativo.

A propósito del láudano: el que se vende en botecitos cerrados en algunas malas boticas y en las achinerías, es un láudano infiel, de muy poca eficacia, por lo que, en caso de necesidad, debe aumentarse la dosis para obtener algo de su efecto. El que quiera tener buen láudano para su uso doméstico hágalo así: póngase en media botella de buen vino de Málaga una onza de opio bien molido, una ochava de polvo de pimienta del país, otra de canela y otra de azafrán. Se sacude la botella, bien tapada, todos los días. A los veinte días se filtrará el líquido y se guardará para usarlo a la dosis de 15 a 20 gotas.

Magnesia calcinada.

Purgante suave, a la dosis de una a dos dracmas, deshecha, en medio vaso de agua azucarada. De 15 a 20 granos, administrados todos los días, sirve para combatir las agruras del estómago.

Nitro.

Véase en La Botica, la voz Salitre.

Opio.

Calmante que se emplea contra varios dolores y el insomnio o desvelo, a la dosis de uno a dos granos al día.

Piedra alumbre.

La disolución se prepara poniendo una dracma de alumbre en una botella de agua y sacudiéndola muy bien. Se emplea en gargarismos contra las anginas o inflamaciones de garganta; para lavar la boca y lengua de los niños en los casos de aftas, mal de boca o fuego blanco, y para contener la diarrea antigua, tomando en este caso, interiormente la disolución. La dosis interna es de tres cucharaditas dos veces al día.

El polvo seco de alumbre, aplicado sobre las heridas en el punto que sale la sangre, detiene la hemorragia, y lo mismo sucede en la sangre de nariz si se introduce suficiente cantidad en el lado por donde se verifica la hemorragia.

Sen.

La infusión de media onza de las hojas en un poco de agua hirviendo constituye una purga regular. Comúnmente se administra mejor la infusión de una ochava de las hojas de sen con una onza de sal de Glover o de Inglaterra.

Sulfato de quinina.

Esta heroica medicina es quizá de las extranjeras la más necesaria y de uso vulgar contra las calenturas intermitentes que constituyen la enfermedad dominante en todos nuestros pueblos.

La dosis ordinaria para cortar una calentura común es de 16 granos, que se deben administrar en ocho a doce horas a lo más, pues en casos urgentes pueden hacerse solo dos tomas, una cada dos horas.

En las fiebres intermitentes perniciosas, que son aquellas en que el enfermo pierde el conocimiento, se convulsa, se cubre de sudor frio o tiene evacuaciones copiosas al comenzar el acceso, no hay que esperar el segundo o tercero, que casi siempre son mortales. Entonces, apenas se calme el síntoma pernicioso, se procurará administrar en cuatro o seis horas al paciente 40 o 50 granos de sulfato, pues en esos casos la dosis común es insuficiente para salvar la vida.

Cuando, por circunstancias desgraciadas, no puede recibir esa preciosa medicina por la boca, o retenerla en el estómago, se administra en pequeñas lavativas el sulfato, hasta doblar la dosis indicada, añadiendo a cada lavativa unas gotas de láudano para impedir que la evacue el enfermo.

También puede administrarse el sulfato en fricciones, disolviéndolo con ácido de limón y añadiéndole un poco de aguardiente, pero triplicando en este caso la dosis del sulfato.

El sulfato de quinina puede administrarse sin mucha repugnancia en un poco de cerveza, café fuerte, bien endulzado, ácido de limón con aguardiente o en píldoras hechas de sulfato y harina de trigo o miga de pan, a parte igual de cada cosa.

Mucho cuidado con el sulfato de quinina del comercio. Se falsifica en grande escala, de tal modo que 16 gramos de esa medicina apenas tienen la virtud de 4 de la verdadera.

Tafetán de Inglaterra.

Se emplea humedeciéndolo antes con agua para preservar del aire las desolladuras, cubrir los granos de la cara y reunir los labios de las heridas poco extensas.

Agitación. — Cuando la agitación sucede a la inmovilidad en afección aguda, es un signo mortal, principalmente si el enfermo se desarropa y hace inútiles esfuerzos para levantarse.

Agonía. — Su duración ordinaria en los moribundos es de doce a veinticuatro horas. La agonía prueba que el paciente sucumbe antes de tiempo, pues la vida natural del hombre es de ciento y más años; pero a fuerza de faltas higiénicas, muere prematuramente. El viejo deja de existir con tranquilidad como la lámpara por falta de gas.

Ahogados. — Su curación. Desnúdese al paciente; envuélvase en sábanas calientes; fricciónesele; adminístrensele lavativas estimulantes con vino o aguardiente y practíquense insuflaciones en los pulmones por la nariz.

Aire. — Es el pan de la respiración. Conviene su pureza para conservar la vida.

Alcanfor. — Su uso disminuye notablemente la virtud generativa, y la leche en las mujeres que crían.

Aliento. — Se percibe caliente en las inflamaciones pulmonares o dolores de costado. Cuando aparece frío en el último periodo, el enfermo muere.

Angina. — En la angina pútrida, la muerte sobreviene al día cuarto, o a lo más, al sexto.

Animales. — En la serie de ellos, aquel que siente más, se mueve más y piensa más.

Antojos. — El deseo de comer cal, tierra y yeso, almidón, etc., que manifiestan algunas mujeres en cinta, indica que hay acedías en el estómago.

Cuando el deseo es de cosas saladas, indica la existencia de mucosidades intestinales; el de cosas ácidas, putridez; y el del vino, debilidad.

Años. — El año catorce y veintiuno de edad son muy peligrosos en el hombre. El sesenta y tres comúnmente fatal: es la multiplicación del nueve por el siete, ambos funestos en el orden de las crisis.

Apetito. — La falta de apetito acompaña generalmente a las calenturas, excepto a las éticas y reumáticas, en que el paciente conserva la apetencia.

El apetito voraz que sobreviene en algunas enfermedades agudas anuncia la muerte a las 24 horas.

La glotonería de los niños con violencia de deseos de comer carne denota una predisposición a las inflamaciones del cerebro.

La pérdida prolongada del apetito y el enflaquecimiento denota una grave enfermedad del estómago, y en los ancianos es mortal.

Apoplejía. — Es enfermedad que solo se manifiesta en la edad madura. En el mes de diciembre es más común su desarrollo; los más expuestos a ella son los individuos que tienen la cabeza grande, robustos y de cuello corto.

Asma. — Es como de seis a uno la proporción de hombres y mujeres atacados de esta enfermedad. Los licores fuertes perjudican mucho a los asmáticos; también los purgantes. Los accesos son nocturnos.

Son buenos remedios en el ataque las lavativas purgantes, los maniluvios o baños de brazos con agua tibia, ponerse en pie y andar; destaparse el pecho y no untar nada en él; ligarse los miembros. La carne es mala; los huevos con vinagre, fritos o tibios son provechosos. En los intervalos prueba bien la sal de nitro y los baños fríos.

Ayuno. — El ayuno y la castidad, no siendo excesivos, prolongan la vida.

Azotes. — Aplicados en la espalda han producido erecciones y derrames cerebrales.

B

Baños. — El uso frecuente de baños fríos predispone a las enfermedades inflamatorias y a contraer calenturas y catarros.

Los baños tibios muy reiterados predisponen a los flujos crónicos y a las enfermedades que proceden de languidez.

Por el contrario, el desaseo favorece el desarrollo de las afecciones contagiosas y cutáneas. El exceso opuesto junto con el uso de perfumes y cuando ha imaginado el lujo, contribuye a la producción de enfermedades nerviosas.

Bebidas. — Las de líquidos calientes pesan sobre el estómago, y son indigestas porque carecen de aire.

Las personas nerviosas sufren mucho a consecuencia de usar las comidas y bebidas a un grado de calor exagerado. Cuando más fríos los alimentos, son más digeribles y provechosos, y así, su uso también influye en la conservación de la dentadura.

Blenorragia. — La inflamación testicular a consecuencia de una blenorragia o purgación, se verifica más raramente al principio que al fin del corrimiento blenorrágico. El uso imprudente de inyecciones en el tratamiento de la enfermedad ocasiona con frecuencia ese accidente.

Borrachos. — Padecen mucho del estómago, del hígado y se entorpecen. Regularmente no llegan a la vejez, y sus hijos, con pocas excepciones, son enfermizos, idiotas o mal inclinados. Que la embriaguez constituye el peor de los vicios nadie puede dudarlo. Se ha procurado encontrarle remedio, pero ha sido difícil. Recientemente leímos en un autorizado periódico, la siguiente receta, y mediante ella hemos obtenido dos satisfactorias curaciones. Es lo mejor que la ciencia médica ofrece hasta ahora contra esa horrible forma de la intemperancia. La referencia es así:

"Los médicos y empleados en la Temperancia están muy excitados con un nuevo remedio descubierto por el doctor Unjer, que, según se dice, no solo cura la intemperancia, sino que deja al bebedor con una aversión insuperable a los licores espirituosos. La medicina es la quina roja del Perú. Se pone una libra de la corteza reducida a polvo en 18 onzas de alcohol de 21 grados; se cuela y se evapora hasta reducirse a 9 onzas, de manera que quede una libra de quina en 9 onzas de alcohol. El beodo tomará una cucharadita cada tres horas, y en los intermedios se le moja la lengua con la misma composición durante el primero y segundo día. En el tercero, la dosis se reduce generalmente a media cucharada, después a la cuarta parte, y gradualmente, 15, 10 y 5 gotas. Se continúa la medicina por un periodo de cinco a quince días, y en casos extremos a treinta días; siete días es el término medio. El doctor Unjer dice haber curado 28,000 casos de intemperancia por este tratamiento, y entre ellos a hombres desenfrenados en la bebida por muchos años, arruinados, dementes, asquerosos, degradados; en diez días, por regla general, se han convertido en sobrios, respetables y con aversión extrema a todo licor.

C

Cabellos. — Crecen menos en el lado paralítico del cuerpo que en el contrario.

Café. — Su uso inmoderado dispone a las afecciones nerviosas y a las congestiones cerebrales; enflaquece y trastorna el periodo a las mujeres.

Caldos. — Los caldos fuertes de carne son un buen preservativo contra los flujos de sangre, especialmente de narices, ocasionado por la disolución de la misma sangre.

Calenturas. — Toda calentura es fiebre, bien que se distingan las fiebres en benignas y malignas.

Se llama calentura intermitente simple la que comienza con frio o escalofrío, sigue el calor y termina por sudor, dejando al paciente días u horas de alivio.

Puede ser cotidiana, terciana, cuartana, etc.

La calentura remitente es continua, pero con crecimientos a horas determinadas. Ambas especies de calenturas ceden al sulfato de quinina, administrando 18 granos en nueve horas; pero, habiendo suciedad de estómago o biliosidad, en casos no urgentes conviene administrar un vomitivo o un purgante antes de la quinina.

La fiebre, simplemente continua, en personas robustas, se llama inflamatoria. Cuando se radica en personas extenuadas, hay postración, delirio, lengua amoratada y meteorismo o aventazón; si la calentura es grave, toma el nombre de tifoidea o maligna, es de larga duración regularmente, y solo un buen médico puede curarla. El remedio de la calentura simple inflamatoria es la sangría y las bebidas temperantes, como el cocimiento de cebada o linaza, y alimentación vegetal líquida.

La fiebre intermitente o remitente perniciosa mata al paciente en el segundo o tercer acceso. Se conoce en que en cada crecimiento aparece un síntoma grave como locura, perdida del juicio, convulsiones, colera morbo o agudos dolores en el costado, etc.

Si el médico no aprovecha los instantes que median entre uno y otro acceso, el enfermo sucumbe. Es necesario dar al paciente, de hora en hora, 6 granos de sulfato de quinina hasta administrarle de 40 a 60, y al día siguiente administrar algo más.

Se ha observado que la fiebre perniciosa afecta de preferencia el tipo de cuotidiana y terciana; en nuestros climas diezma a los niños especialmente en la época de la dentición, y es a veces fulminante en el primer acceso.

Cuanto más largo es el frío intermitente de una calentura, tanto más segura es la inflamación del bazo.

La fiebre intermitente que aparece en otoño se cura con dificultad, y no pocas veces es mortal en los viejos, y toma el tipo de cuartanas.

Wuerlof ha observado que la recaída de la fiebre perniciosa terciana se verifica en la tercera semana siguiente a la cesación del acceso, y que la de la cuartana se manifiesta en la cuarta semana.

La fiebre inflamatoria termina regularmente por sudor o hemorragia a los siete o a los catorce días.

La fiebre traumática que acompaña a los heridos, si pasa de nueve días, debe juzgarse complicada con una fiebre esencial.

En los casos de fiebre lenta nerviosa, las bebidas frías producen una orina clara y blanquecina, lo cual se ha creído de mal presagio en dicha enfermedad.

El frío que sobreviene en la fiebre producida por una herida es un síntoma de complicación, muchas veces fatal.

En las fiebres agudas, el rechinamiento de dientes es un mal signo, y si se agrega el delirio, es inmediatamente mortal.

La abertura de la boca, incesante, es un mal síntoma en las calenturas, y si sobreviene delirio intenso, es mortal.

Las calenturas, cuartanas y las hidropesías, sirven de preservativo de otras epidemias, como el cólera, la viruela, etc.

Las fiebres continuas son las que mejor guardan la evolución de sus fenómenos por periodos septenarios. La cuenta de los días críticos debe comenzarse desde que se verificó el escalofrío primitivo.

Las calenturas gástricas no pueden curarse con cursos, antes bien, son en ellas muy malos.

La inflamación de las glándulas del cuello en las calenturas graves es peligrosa; pero si no hay supuración y sigue diarrea biliosa, disentería u orina abundante es buena señal.

Las calenturas intermitentes disminuyen en frecuencia e intensidad, del ecuador a los polos, y del nivel del mar a los sitios elevados.

Los países ardientes y las estaciones cálida son las más a propósito para el desenvolvimiento de calenturas intermitentes.

La calentura cuotidiana, ocurre de preferencia en la primavera, la cuartana en otoño y las tercianas en todas las estaciones. La terciana propende más a reproducirse, y la cuartana se resiste muchas veces a la curación perfecta.

Cuanto más se aparta del tipo cuotidiano una calentura intermitente, es más tenaz para su curación.

Un buen método para impedir las recaídas en las calenturas intermitentes es repetir a los cinco días la dosis del febrífugo, y dos veces más, cada ocho días. El cambio de clima suele bastar para impedir las recaídas.

La fiebre cerebral se desarrolla de preferencia en los niños, en los jóvenes y en los sujetos de notable actividad intelectual. La insolación, el abuso del café y de las bebidas espirituosas, predisponen a contraerla.

Camas. — El uso de colchones favorece la formación de arenillas o piedras en la vejiga, y predispone a la inflamación de los riñones.

Campo. — La vida en el campo, después de haber permanecido en las ciudades, predispone a varias enfermedades.

Calor. — El calor que se siente en las manos después de las comidas acompaña a la tisis o a la disposición a contraerla.

Calzado. — El muy estrecho favorece las congestiones cerebrales.

Cáusticos. — Los cáusticos o fuentes situados en las piernas impiden en gran parte el movimiento de los humores hacia el útero.

Carrillos. — Un carrillo graciosamente alzado, es garante de un buen corazón. La rubicundez de los carrillos denota una salud sospechosa. Cuando la rubicundez se presenta después de la comida, denota que hay lesión en las vísceras como en los tísicos, y en las mujeres el cáncer del útero. Esta rubicundez es común en los hipocondriacos, las histéricas y las personas que padecen almorranas. Cuando la rubicundez se verifica en las enfermedades agudas indica inflamación del pulmón, del cerebro, o una hemorragia. Hay cierta afinidad entre las fluxiones de los carrillos y la hinchazón con calentura que les sobreviene a las mujeres paridas.

Cerebro. — Uno de los síntomas que acompaña con bastante frecuencia a la inflamación del cerebro es el olor a ratón que exhalan los enfermos.

Después de los riñones y la vejiga, el cerebro es la víscera que más afecta el veneno de las cantáridas.

Cerveza. — Su uso ocasiona muchas veces blenorragia o purgación.

Colera morbo. — Esta enfermedad no dura más que tres o cuatro días, y en ellos se acarrea la salud o la muerte. Según Sidenham, el caldo de pollo es remedio específico de esa enfermedad.

Comidas. — Levantarse de la mesa con algún apetito es máxima que debe observar el que aprecie su salud y desee vivir bastante.

Condimentos. — Su uso es contrario a las lombrices.

Convalecencia. — Tiene tres periodos: principio, convalecencia declarada, y término.

La sonrisa es uno de sus primeros síntomas, la absorción intestinal se aumenta, y ella explica la estitiquez. Por eso los convalecientes están más expuestos a las intoxicaciones miasmáticas.

La convalecencia de los ancianos es larga y penosa.

La diarrea es mal accidente en los convalecientes.

La convalecencia se verifica más pronto en los niños que en los jóvenes, en los jóvenes más que en los ancianos, y es más larga en los lugares bajos y húmedos que en los secos y elevados.

Crisis. — El babeo alivia la locura; el sudor termina los flujos de sangre.

D

Dementes. — En Francia se cuenta un demente por cada 1,200 personas, y en Inglaterra uno por cada 800; habiéndose observado que esta afección aumenta en razón de la civilización de las personas o países.

Dentadura. — La buena es indicio de buena salud; la mala indica alguna perversión en los humores.

Las nodrizas trasmiten la mala calidad de sus dientes a los niños que crían.

Días. — Los más mortíferos son los primeros de la vida, porque entonces el organismo no ha aprendido a vivir.

Diarrea. — Los que tiene diarrea crónica con tos no curan sino con vivos dolores de pies.

Dormitorio. — Al aire libre produce dolor de muelas, de oídos o inflamación de los ojos.

Dolor de costado. — Es una enfermedad grave en los niños, en los ancianos débiles, en las personas jorobadas y de pecho estrecho, en la preñadas, en las paridas y en los que beben licores fuertes.

Es peligrosa esta enfermedad cuando ambos lados están dolorosos. Se tienen como síntomas favorables la respiración fácil, que el dolor del principio mude de lugar, apareciendo más abajo, que al tercero o cuarto día aparezcan amarillos, abundantes y con algo de sangre los esputos, aliviándose el dolor. La crisis se verifica por sudor, la orina, diarrea, hemorragia o abscesos; el sudor debe aparecer el séptimo día precedido de exacerbaciones, con disminución del calor y frecuencia del pulso y propensión al sueño.

Los esputos negros y lívidos son signos de gangrena; cesa entonces el dolor, la respiración es menos embarazosa, el pulso es pequeño, hay frío en las extremidades y el enfermo sucumbe.

El dolor de costado ataca más al lado derecho. En los climas cálidos es más frecuente esta enfermedad en invierno.

Ataca más a las personas maduras que a los niños y a los viejos. Es más frecuente en los hombres que en las mujeres; pero cuando estas son atacadas, su afección es más violenta. Las personas flacas y secas son más atacadas que las linfáticas y gordas.

La circunstancia de hallarse la mujer con su regla cuando es atacada de una pleuresía no impide el uso de la sangría y el tratamiento general con tal que se halle indicada.

E

Embarazadas. — Tardan más en parir las mujeres primerizas, y tanto más cuanto es mayor la edad en que salen embarazadas.

En igualdad de circunstancias, las mujeres embarazadas se hallan más expuestas al aborto en el tiempo que corresponde a aquel en que han tenido antes sus reglas, que en otro cualquiera; y, además, aun los que gozan de mejor salud, experimentan en dicho periodo cierta especie de desazón a que no están acostumbradas.

Enfermedades. — Entre los pobres, predomina el escorbuto, la tiña y la sarna; entre los ricos se desarrollan más las enfermedades inflamatorias y nerviosas.

Epilepsia. — De once ataques de epilepsia, se observa que ocho se verifican de noche o antes de mediodía.

En la epilepsia, la proporción de los curados es de uno a veinte.

La mayor parte de epilepsias congénitas coinciden con un movimiento de terror experimentado por la madre durante el embarazo.

Los epilépticos sufren principalmente en la primavera.

Sehenk confirma que el comer sesos, particularmente de gorriones y codornices, ocasiona la epilepsia.

La epilepsia nocturna es la más vez de origen sifilítico.

Regularmente los epilépticos no alcanzan la vejez. Las mujeres embarazadas que padecen de epilepsia abortan casi siempre en los ataques; en algunas se suspende la enfermedad.

Esclerótica (Lo blanco del ojo). — La esclerótica es roja en las fiebres inflamatorias, adinámicas y atáxicas; de un amarillo sucio en las afecciones gástricas, y de un blanco de perla en la tisis pulmonar.

Esputos. — Los esputos mucosos y abundantes son indicio del catarro pulmonar y de la tisis pituitosa; los azucarados, salobres, grises y negruzcos y mucosos, de la tuberculosis; y, últimamente, los amarillos y amargos de la bilis y las enfermedades del hígado.

En las inflamaciones del pulmón, las señales de una expectoración crítica son esputos cocidos, espesos, amarillos, parecidos a una emulsión algo cargada, algunas veces mezclados con estrías sanguíneas y que se desprenden fácilmente.

Estomago. — Todo individuo aprensivo o pusilánime es delicado e irritable del estómago.

Estornudo. — Suele ser de buen presagio en las calenturas no complicadas, en los partos difíciles y en las convalecencias.

Evacuaciones. — Las cámaras involuntarias son de gran riesgo en las calenturas.

F

Feto. — Apenas sobrevive en el vientre de media a una hora, después de haber muerto la madre.

Fuente. — Las personas que mantienen una fuente abierta no padecen de pleuresía.

T

Habitación. — La mudanza de ella predispone a diversas enfermedades; pero la continua mudanza de lugares y los viajes fortalecen la salud.

Hemiplejia o parálisis. — Ocurre generalmente al lado izquierdo.

Heridas. — La lentitud del pulso en las heridas de la cabeza es un síntoma muy funesto, porque indica la corrupción del cerebro.

Hernias. — Las quebraduras o hernias regularmente suceden al lado derecho.

Herpes. — El que aparece en las cejas es difícil de curar.

Hidropesía. — Cuando ella es efecto de la inflamación de algún órgano los purgantes están contraindicados.

Hipocondría. — La siguiente es muy buena receta contra esa penosa enfermedad.

Vida honesta y arreglada; hacer muy pocos remedios, y poner todos los medios de no asustarse por nada.

La comida moderada, ejercicio y diversión, evitar toda aprensión, salir al campo algún rato; poco encierro, mucho trato, y continua ocupación.

La hipocondría cesa en las mujeres con la preñez.

Histéricas. — Uno o dos granos de almizcle introducidos en la vagina de la mujer atacada de histerismo calma muchas veces el ataque y las palpitaciones del corazón, que suelen ser la consecuencia.

Hombres gordos. — En su mayor número son egoístas.

I

Incordios. — Los bubones que se manifiestan en la ingle, en el pescuezo, los sobacos y en las calenturas de mal carácter, aparecen ordinariamente el día onceno de la enfermedad.

Instituciones. — Influyen en las enfermedades. En los pueblos libres, la enajenación mental, la hipocondría y las enfermedades nerviosas son más frecuentes que en los pueblos inactivos, ignorantes y esclavos.

Irritación. — La irritación se propaga en todos los conductos, siguiendo casi siempre la misma dirección que los cuerpos que naturalmente pasan por ellos.

L

Ladrones. — Los ladrones, por inclinación, tiene el cráneo poco levantado, pero ancho y abultado hacia los lados.

Lagrimeo. — El lagrimeo de los ojos indica, en el curso de las calenturas, una próxima congestión, y también suele proceder al sarampión.

El lagrimeo que sobreviene en las enfermedades agudas es de mal presagio; alguna vez es saludable, apareciendo en los días críticos, principalmente si va acompañado de signos que indiquen la aproximación de una hemorragia normal.

Lesiones. — Las de la base del cráneo ocasionan impotencia.

Lengua. — Cuando en los casos de fiebre inflamatoria (angioténica) la lengua aparece seca, hay complicación, según lo observado juiciosamente por Mr. Pinel; y aunque este signo no acompaña siempre la complicación, no existe jamás esta sin que la haya.

La sequedad y acidez de la lengua e interior del paladar son el presagio del delirio y de la malignidad de las enfermedades agudas; y después de tal estado, cuando aquellas partes se ponen húmedas, anuncian un buen éxito.

Letargos. — El letargo y la somnolencia accidental vaticinan el hidrocéfalo en los niños, y en los viejos la apoplejía.

Literatos. — Están expuestos a dolores de cabeza y desvelos, almorranas, a la hipocondría, a la apoplejía y a las enfermedades del estómago.

Locos. — Los locos curan en la proporción de uno a cinco, o a la más, de uno a cuatro.

Los de pelo rubio son propensos a la manía homicida; los de pelo castaño a la melancólica, y los de pelo negro a la furiosa.

La manía o locura es muy rara en la pubertad, ataca comúnmente en la edad adulta, y en los meses de mayo, junio y julio con preferencia a otra época del año.

Lombrices. — Para curarlas se escoge la menguante de la luna; porque entonces están debilitadas y clavan sus chupaderas con menos fuerza en los intestinos.

Luz. — La falta de ella predispone a la hidropesía, el escorbuto, las escrófulas y el tifus.

M

Magnetismo animal. — La operación más fácil es la siguiente: se concentra la persona agente excitada, observando con fijeza al paciente, pasándole de arriba abajo con la palma de la mano, por más o menos tiempo, pero sin tocarlo. Se necesita fe en el magnetismo y voluntad en el paciente. La influencia magnética produce cierto malestar y con tendencia al sueño.

Maniáticos. — Los que se ponen maniáticos después de una enfermedad se curan bien pronto si les viene un dolor a los pies o a los pechos.

Matriz. — El descenso de la matriz ocurre regularmente en las mujeres que tienen anchas las espaldas y arqueadas para atrás.

Medicamentos. — La primera condición que se necesita para un medicamento de propiedad especial es su efecto, es que el estómago esté sano y que sus dosis sean proporcionadas a la irritabilidad de ese órgano.

Mercurio. — El uso prolongado del mercurio predispone a padecer la fiebre pútrida.

Miasmas. — Los que emanan de sustancias animales podridas engendran fiebres continuas y tifoideas.

Los de las sustancias vegetales, fiebres intermitentes.

Miradas. — Las de una persona encolerizada dañan al que las recibe por un fenómeno semejante al magnetismo animal.

Mujeres. — Las borrachas tienen menstruaciones abundantes, y son propensas al aborto.

La mujer fea regularmente es iracunda y quimerista.

N

Narcóticos. — Cuando hay postración de fuerzas, el uso del opio y los demás narcóticos acaban de extinguir el calor vital.

El uso excesivo de los narcóticos injuria y debilita para siempre la memoria de los niños.

Negros. — Los negros tiene el cráneo más pequeño que las otras razas; son más propensos al idiotismo que a la locura; no padecen de apoplejía ni de rabia.

Niños. — Chopart ha visto niños atacados de convulsiones echar la orina verdosa y morir.

Los niños cuyas madres sufren afectos espasmódicos o nerviosos durante la gestación, nacen predispuestos a las convulsiones.

En los niños de pecho las evacuaciones de color verde son síntomas de acedía, las amarillas de exceso de bilis, y si apenas tienen color, de la falta de aquel líquido. Un niño nacido a los cinco o siete meses puede vivir, pero no expresar sus necesidades con el llanto hasta después de los nueve meses en adelante.

Nodrizas. — La leche de las que se encolerizan causan cólicos y convulsiones a los niños que crían.

Nuca. — La nuca tiene una simpatía muy marcada con los ojos.

O

Obesidad. — Predispone a la apoplejía y garantiza las inflamaciones del pecho. La anchura de este predispone al aneurisma del corazón. Los que tienen grandes vísceras están expuestos a la artritis.

Ociosidad. — La ociosidad es menos común en las mujeres que en los hombres porque la naturaleza las ha provisto de una mayor movilidad moral.

Orejas. — Las orejas frías, diáfanas y contraídas son mala señal. Soemering afirma que el pabellón de la oreja está mejor conformado en la mujer.

La separación de las orejas es tanto mayor en el hombre cuanto es más corajudo y reñidor.

Orinas. — Las orinas diáfanas y blancas son malas. Se observan principalmente en los frenéticos.

Las orinas que tienen diferentes mutaciones en una fiebre indican que se prolonga la enfermedad.

En la fiebre gástrica (biliosa) la orina es de un color oscuro y depone un sedimento de color a ladrillo. En la fiebre angeioténica (inflamatoria), la orina aparece inflamada y depone u sedimento blanquecino.

La orina crítica es clara al principio, y luego deposita sedimento; o si antes ha sido espesa y turbia, va aclarándose después.

El sedimento no crítico es muy abundante. El rojizo denota una calentura intermitente o una afección reumática. La orina clara y acuosa, un estado nervioso. La jumentosa, afección gástrica. La de aspecto de leche, en los niños, indica lombrices. La mucilaginosa, un catarro de la vejiga. La purulenta, una supuración. La sanguínea, la hemorragia renal o de la vejiga.

Oídos. — La debilitación del oído y la sordera son signos favorables en el tifus, así como la demasiada sensibilidad es las más veces funesta.

Olfato. — El olfato se perfecciona por la pérdida de alguno de los otros sentidos.

Órgano. — Todos los órganos que nos ponen en relación con el mundo exterior, y todos los que tienen por objeto perpetuar la vida de la especie, son simétricos; los que están destinados a asegurar la vida del individuo, con pocas excepciones, no lo son.

Orzuelo. — Cuando los orzuelos no supuran, suponen una diátesis escrofulosa que debe combatirse con los yoduros, la zarza, fuerte alimentación y ejercicio.

P

Padres. — Transmiten sus males a los hijos, así como los bienes de fortuna.

Se ha observado que los hijos están más expuestos a las enfermedades de aquel de sus padres a quien más se parecen. Las enfermedades de las madres se transmiten con más frecuencia, por la certidumbre de origen y proveer ellas solas a la vida del feto y a su lactancia.

Países. — En los secos y elevados hay propensión a las afecciones agudas, y en los bajos son frecuentes las crónicas.

Habitar en poblaciones dispone a enfermedades nerviosas, a las escrófulas, la raquitis y la tisis. Los habitantes del campo están más predispuestos a las enfermedades agudas.

Palabra. — La pérdida de la palabra, acompañada de ortoprica o ahogamiento, es mortal.

La pérdida de la palabra en las fiebres tifoideas y las lesionas de la cabeza es síntoma funesto.

Palpitaciones. — La palpitación del corazón en la viruela y en la tisis es un síntoma fatal. La palpitación del corazón que aparece en el curso de una fiebre de mal carácter es la peor de todas.

Las palpitaciones del corazón que sobrevienen con el histerismo y la hipocondría son de poca importancia; pero las que son continuas o muy frecuentes y acompañadas de síncopes anuncian las lesiones orgánicas del corazón.

Pan. — La indigestión que ocasiona el pan caliente es una de las peores, tampoco son leves las que proceden del pan frío.

Parálisis. — En la parálisis no convienen los tópicos sin haber procedido otros remedios generales. Es difícil curar bien la parálisis sin el auxilio de los sudoríficos enérgicos, y entre estos, el vapor del aguardiente refinado es el primero.

Parto. — Mueren más mujeres de resultas del parto en los pueblos pequeños que en las ciudades; al contrario, perecen más en el parto en estas que en los pueblos.

Es más difícil el que se verifica en el octavo mes.

Pasiones. — Ningún remedio irrita tanto el virus canceroso como las pasiones deprimidas del ánimo.

Pechos. — Los dolores del pecho, acompañados de calentura, indican una afección reumática o inflamatoria.

A causa de la gran simpatía que hay entre el útero y los pechos, las mujeres que los tienen muy pequeños se consideran como estériles.

Penas morales. — Todos los socorros de la medicina son inútiles contra los desórdenes que engendran las penas del espíritu, si la moral no enseña al hombre la resignación y el sufrimiento para hacerse superior a ellas.

Pescado. — Su uso aumenta la secreción testicular.

Piojos. — Los piojos del negro son negros como él, y al contrario los del blanco.

Cuando se quitan del todo y precipitadamente suelen ocasionar el tétano.

Preñez. — Suspende la marcha de enfermedades crónicas graves, pero sucumben las enfermas verificado el parto.

Pulso. — Aquel cuyas palpitaciones van decreciendo hasta casi no percibirse es propio de los agonizados.

El que de retardado va acelerándose gradualmente indica una crisis, especialmente el sudor.

El pulso puede faltarle al paciente por algunos días sin cesar la respiración y la palabra.

Cuando la circulación de la sangre es normal, se cuentan cuatro pulsaciones durante una respiración.

Purgantes. — Su uso es más conveniente en países húmedos y calientes que en los fríos y secos. Los ancianos consuntos o débiles deben omitir esta medicina.

R

Rabia. — Los rabiosos o hidrofóbicos tiene aversión a los líquidos y dificultad de tragarlos; pero no sienten el mismo inconveniente con respecto a los sólidos.

Rayo. — Los que mueren a consecuencia de él se corrompen luego. El mejor remedio para los asfixiados del rayo es meter a los pacientes desnudos oblicuamente en un hoyo en la tierra y cubrirlos con una capa ligera de ella, rociándoles agua fría por la cara.

Recién nacidos. — No es bueno exponer sus ojos a la luz, y en hacerlo consiste muchas veces la oftalmía o mal de ojos que padecen.

A los recién nacidos no debe quitárseles el pecho hasta que echen los colmillos. Las madres deben evitar los licores fermentados y el uso de carne de puerco. No debe darse a los niños sopa de harina ni carnes indigestas.

Regiones. — Las regiones septentrionales predisponen a las enfermedades del pecho, al paso que las meridionales son más favorables para el desarrollo de las del bajo vientre.

Remedios. — Dañan cuando no son necesarios. Solo hay un buen remedio de precaución y es la dieta.

Respiración. — La respiración fétida en algunas mujeres es fenómeno precursor de la menstruación.

La respiración demasiado caliente, en los casos de inflamación, es un síntoma funesto, siempre que sea acompañado de frialdad en las extremidades.

La respiración grande es un signo de delirio o de convulsión.

La respiración grande con una inspiración corta indica muerte próxima.

La respiración dificultosa en las enfermedades graves es peligrosa; si se agrega el delirio es mortal.

La respiración pequeña y fría es mortal.

La respiración frecuente indica circulación de sangre acelerada, debilidad en los pulmones, o algún obstáculo que se opone a la libre dilatación de los órganos respiratorios.

La respiración grande y rara, con esfuerzos musculares, es síntoma de una profunda debilidad; y si está interrumpida por suspiros amenaza el espasmo o síncope.

El mejor signo de la integridad de los pulmones consiste en que la persona pueda inspirar profundamente y retener largo rato el aire inspirado.

La respiración estertorosa indica la acumulación de pus o sangre en los bronquios.

Reumatismo. — El reumatismo agudo termina comúnmente a los catorce días, y rara vez se prolonga a los veintiunos o más allá.

Revulsivos. — Los revulsivos dolorosos, si al cabo de veinticuatro horas no alivian, hay peligro de aumentarse la enfermedad.

Risa. — La risa sardónica, notable por su carácter violento y convulsivo, es a las veces síntoma de inflamación del diafragma. En las fiebres suele ser el precursor del delirio y de las convulsiones.

Ronquera. — La de los cantantes se cura eficazmente haciéndoles tomar cinco gotas de ácido nítrico dos veces al día en un poco de agua de azúcar.

El remedo más seguro de curar la ronquera es el sedal a la nuca. En el último periodo de la tisis anuncia una muerte próxima.

La pimienta de Castilla, mantenida debajo de la lengua, cura la ronquera. También el aceite de almendras, los baños calientes y tragando la mirra disuelta en la boca.

Rubicundez. — La rubicundez de las manos y de los pies suele presagiar la muerte.

S

Saliva. — En las enfermedades agudas, la falta de saliva indica el espasmo o la sequedad de la sangre.

Sangre. — En el estado de salud, la sangre tiene un gusto salado, calidad que pierde en ciertas calenturas malignas.

El cuerpo humano tiene de 16 a 18 libras de sangre.

La sangre que se coagula prontamente en las sangrías y forma un cuajarón muy denso, con poco suero, indica en las personas sanas constitución fuerte con tendencia a las inflamaciones, y en los enfermos, la diátesis flojística o una flegmasía ya existente. Se conoce que la sangre está inflamada cuando se coagula casi al salir del vaso, formando un cuajarón denso, con poca serosidad, y en su superficie una costra blanca y consistente, la cual es tanto más sólida cuanto más intensa la flegmasía.

La costra amarillenta o verduzca es indicio de una inflamación nerviosa o espuria.

El exceso de suero en la sangre aumenta la diátesis clorótica de la sangre y la predisposición a la hidropesía.

La sangre de color oscuro que no se reúne en cuajarones sólidos, sino que forma una masa en la que están mezclados el crúor y la serosidad, indica la disolución de la putridez.

La sangre oscura que se coagula fuertemente es propia de la juventud, y la negra, del escorbuto y atrabilis.

El suero de la sangre, turbio y como lechoso, nos anuncia la debilidad; el amarillo, la presencia de bilis en la circulación, y el sanguinolento, la putridez.

Sanguijuelas. — No deben aplicarse en las encías, porque causan hemorragias funestas.

Sastres. — Los sastres están muy expuestos a las enfermedades del corazón, por la circunstancia de permanecer mucho tiempo con las piernas cruzadas, lo cual impide la libre circulación.

Sed. — La sed inextinguible de los calenturientos caracteriza el más alto grado de inflamación en la sangre.

Sensaciones. — La vivacidad de las sensaciones perjudica a la exactitud del juicio, y, por esta razón, se perfecciona este en la vejez.

Sífilis. — Las afecciones sifilíticas causan más estragos en las personas de constitución blanda que en las complexiones duras y tenaces.

Síncope. — El síncope que ataca al principio de una calentura es de mal presagio.

Siática o ciática. — La siática ataca de preferencia al lado izquierdo.

Sordos. — Oyen mejor teniendo la boca abierta.

Sordomudos. — Son inclinados a meterse en asuntos extraños, promover disensiones, meter chismes, etc.

Sudor. — Los sudores críticos son generales, y aparecen del 7 al 14 día de la enfermedad.

Los que tienen olor agrio denuncian una erupción, y si son fétidos, la putridez.

El sudor de la mañana anuncia la fiebre ética.

El sudor fácilmente denota una naturaleza débil. En las calenturas, los sudores críticos se distinguen de los sintomáticos en que los primeros no aparecen en el principio, sino en estado crítico, por lo regular el 7 o 14 día.

Los sudores fríos presagian la muerte, los agrios, la fiebre biliar, y los fétidos, la pútrida.

El sudor, en las fiebres intermitentes, es de ningún alivio; antes bien, indica que la enfermedad se prolongará.

Sueño. — El sueño morboso, acompañado de convulsiones o delirio, nunca es más terrible que cuando se presenta desde el principio de una calentura.

Los sueños que versan sobre cosas extraordinarias o no acostumbradas anuncian enfermedades graves; los que se presentan llamas u objetos rojizos presagian una hemorragia crítica.

Suicidio. — Foderé ha observado, sin poder explicar la razón, que los suicidios son más frecuentes en la época de los solsticios y de los equinoccios.

T

Tartamudez. — La tartamudez que sobreviene en los casos de calentura, anuncia un estado nervioso que reclama toda la atención del facultativo.

Té. — Su uso debilita el estómago y predispone a los flujos crónicos, como la leucorrea, etc.

El uso del té hace más vivos los cólicos de estómago, principalmente si dependen de causa nerviosa.

Tétanos. — Los hombres son más frecuentemente atacados de tétanos que las mujeres, y los robustos más que los débiles.

Temperamento. — El bilioso está predispuesto a los derramamientos de bilis, a las erupciones, a las enfermedades orgánicas y al cáncer.

Tisis. — Los purgantes predisponen a contraerla, y, si existe, la agravan. Geuner y otros médicos han sospechado que las lombrices formaban los tubérculos que causan la tisis.

Las tísicas experimentan disminución en sus reglas, y cuando se suprimen del todo, es un indicio de la desorganización de los pulmones en alto grado. Entonces la fiebre aparece y los demás síntomas de consunción.

La calentura ética es un síntoma funesto.

La rubicundez alrededor de la nariz anuncia la diarrea. El mucho apetito sin reparación de fuerzas es mal signo; lo mismo los dolores en los pulmones y en los hipocóndricos.

El edema de los pies es funesto indicio.

Tos. — Un gran dolor de piernas hace cesar la tos seca.

La tos crónica y seca que se presenta al menor esfuerzo, acompañada de dolores de costado erráticos, y de dificultad en la respiración es signo de tubérculos pulmonares.

La tos crónica con abundantes mucosidades supone el inmediato desarrollo de la tisis pituitosa. La falta de tos es indicio seguro del estado sano de los órganos respiratorios.

La tos procedente del hígado se suele curar con el cocimiento de grama con miel. La de las mujeres embarazadas, con la sangría del brazo. Muchas toses obstinadas se han curado aplicando un cáustico sobre el cráneo.

Tubérculos pulmonares. — Son más comunes en las mujeres que en los hombres.

Traspiración. — La supresión de la traspiración hace acuosa y abundante la orina, hasta el grado de producir algunas veces la diabetes.

U

Úlceras. — Se ha demostrado que las úlceras venéreas, es decir, la materia que arrojan enrojece el papel azul, el cual vuelve a su primitivo color metiéndolo en una disolución de carbonato de sosa.

V

Vacuna. — Es el único y verdadero preservativo contra la viruela. Se puede vacunar con una aguja o lanceta cualquier parte del cuerpo. Desde el cuarto día de vacunada una persona hasta el décimo puede servir su pus para vacunar. La edad para vacunar a un niño, cuando no hay epidemia, es la de tres meses en adelante. Cuando la hay, debe hacerse pocas horas después del nacimiento. Aun en los atacados de los primeros síntomas de la viruela, la vacuna amortigua su desarrollo.

Vegetales. — Los vegetales hacen más saludable el aire para los animales, y los animales hacen más fértil la tierra para la vegetación.

Todos los animales gustan de los estimulantes. Las materias vegetales en estado de descomposición solo producen animales faltos de nervios y de cerebro.

Los medicamentos vegetales son más eficaces en polvos que en cocimiento.

Vejez. — Las enfermedades de la vejez casi nunca terminan felizmente.

Vértigos. — Suelen ser de poca importancia en los jóvenes.

Vestidos. — Cuando se quedan húmedos aplicados al cuerpo ocasionan reumatismos, disenterías, etc.

Vista. — La cortedad de la vista en las mujeres se alivia muchas veces haciéndolas llevar aritos o zarcillos pesados.

Vómitos. — Según Hipócrates, los vómitos son peligrosos en la canícula.

El hipo y la rubicundez de los ojos, que resultan del vómito, son peligrosos.

La excitación del vómito en los momentos próximos a la epilepsia es seguida casi siempre de la muerte del enfermo.

Un vómito de sangre hace fecundas a las mujeres estériles.

El vómito de sangre que se complica con una fiebre es mortal.

Voz. — La aguda y silbante es de mal presagio, según Hipócrates.

Las mujeres públicas generalmente tienen la voz ronca. El ejercicio de la voz conviene mucho a los que padecen del estómago y a los que tienen eructos ácidos, según Accio.

Plutarco coloca entre los ejercicios la recitación y el canto.

La voz ronca indica la presencia de pus o moco en la laringe, o de una inflamación en su membrana mucosa.

PARTE CUARTA: ÍNDICE DE ENFERMEDADES

ÍNDICE de las enfermedades de que trata esta Botica, con referencia de los medicamentos con que se curan, contenidos en la misma por orden alfabético.

A

Aborto. — Para impedirlo, véanse las voces Copalillo, Grana, Gualiqueme, Salitre, Grama, Huevo, Jate y Hongo.

Agruras de estómago. — V. Copalchí, Cáscaras de huevo, Cuerno de ciervo, Carbón, Lima y Agua de cal.

Aguas pútridas. — Para desinfectarlas, véase Carbón.

Aliento. — Contra su fetidez, v. Carbón y Culantro.

Asma. — V. Alimentos y Achiote.

Almorranas. — V. Azufre y Plátano.

Ampolla maligna. — V. Fuego, en cauterio, y Azaharillo.

Angina o dolor de garganta. — V. Cascabel, Marañón, Baños de pies, Vomitivo de tártaro emético, Cataplasmas al cuello, Sangría, Dieta y Sinapismos (a la nuca).

Angina de pecho. — V. Lechuga.

Apetito. — Para aumentarlo, V. Rábano, Copalchí e Incienso.

Apoplejía. — V. Mechoacán, Sangría, Fuente y Dieta.

Araña. — Para curar la picadura, V. Cascabel y Lejías de ceniza.

Ardores venéreos. — V. Ruda, Plomo, Lechuga, Siempreviva y Coco.

B

Baños. — V. Afrecho, Leche, Suero, Sangre y Estiércol de ganado vacuno.

C

Calambres. — Para curarse de ellos, V. Azufre.

Calenturas intermitentes (que entran y salen). — Para curarlas, V. Añil, Araña, Café, Cañafístula, Caoba, Castaño, Copalchí, Cordoncillo, Eucalipto, Gelatina, Granado, Incienso, Manzanilla,

Naranja agria, Pimienta de Castilla, Quina, Ruda, Sal común, Saúco, sobre todo, Sulfato de quinina y Sulfatillo.

Calvicie. — V. Abejas.

Cáncer. — V. Iguana, Zarzaparrilla, Lagartija y Cascabel.

Cansancio (por fatiga). — Para evitarlo, V. Artemisa.

Carácter duro. — V. Alimentos.

Carne. — Para ablandarla, V. Papaya.

Caspa. — V. Huevo.

Catarro crónico o romadizo. — V. Eucalipto, Guaco, Saúco y Trementina.

Cientopiés. — V. Almidón.

Cólera morbo. — V. Aguardiente, Chichicaste y Guaco.

Cólico ventoso. — V. Culantro, Chichimora, Yerbabuena, Higuerillo y Redoma.

Cólico bilioso. — V. Lima, Sonzapote y Achiote.

Color pálido (clorosis). — V. Hierro, Sangre, Copalchí, Alimentos y Aire.

Convulsiones. — V. Romero, Tapa, Naranjo, Artemisa y Baños aromáticos.

Crianderas (mujeres). — Para secarles la leche, V. Naranja agria, Saúco y Piñón.

Culebras (contra su mordedura). — V. Espino blanco, Fuego, en cauterio, y Ginicuite o palo giote.

CH

Chinches. — Para matarlas, V. Aloes, Guaco y Cebadilla.

D

Debilidad. — V. Hierro, Sangre, Aguardiente, Gelatina, Gengibre, Vino y Alimentación.

Dentadura. — Para conservarla, V. Copalchí, Carbón y Sangre de drago.

Desvelo. — Para combatirlo, V. Gualiqueme, Ipasote, Lechuga, Col y Cangrejo.

Diarrea de los niños (mucle). — V. Iguana.

Disentería. — V. Achiote, Almidón, Algodón, Anona, las hojas, Arroz, Berro, Ciruelas, Cuerno de ciervo, cacho de venado, Caulote, Sebo de carnero y Palo de Brasil.

Diarrea. — V. Arroz, Cuerno de ciervo, Arrayán, Anona, Almidón, Goma, Ipasote, Aguacate, el cocimiento de la semilla, Palo de Brasil, Sangre de drago, Sonzapote, el cocimiento de la semilla, y Zarzaparrilla.

Divieso o nacido. — V. Tamarindo, Cebolla y Cauterio.

Dolor de cabeza. — V. Alhucema, Coles, Salvia, Tabaco y Vejigatorio.

Dolor de estómago. — V. Alhucema, Sebo, Anís, Culantro, Yerbabuena y Carbón.

Dolor uterino (metritis crónica). — V. Zábila, Yerbabuena, Aguacate (el polvo de las hojas) y Miel de abejas.

Dolor de costado. — V. Sangría, Sanguijuelas, Gengibre (en parche), Cola de alacrán o Borraja silvestre, Jícaro, Ventosas escarificadas, Cacao (la infusión), Parietaria, Zorrillo (el polvo del hígado), Tártaro emético y Aguardiente, en casos de postración.

Dolor de oídos. — V. Hiel de buey y Lima.

Dolor nervioso. — V. Imán, Naranjo y Yerbabuena.

Dolor de muelas. — V. Salitre, Siguapate, Mostaza, Cloroformo e Imán.

E

Enfermedades de la piel. — V. Zarzaparrilla, Naguapate, Azufre, Cascabel (el polvo), Aguas sulfurosas, Madrecacao, Friegaplatos, Rana, Hollín, Guayacán y Chichicaste.

Enfermedades del corazón. — V. Leche, el suero, y Cebadilla, la tintura.

Enfermedades biliosas. — V. Aloe, Limón, Huevos, Achiote y Mozote.

Enfermedades del pecho. — V. Papaya, Orozuz, Culantrillo, Linaza, Azufre, Leche, Encina, Vejigatorio y Fuente.

Envenenamiento. — Por sustancias vegetales, V. Aguardiente, Tabaco y Vinagre.

Epilepsia (mal). — V. Alhucema, Añil, Cabalonga, Muérdago, y Liquidámbar.

Erisipela. — V. Aire, Saúco, Sapo, Tortuga y Éter sulfúrico.

Escorbuto. — V. Pino, Rábano y Burra, la leche.

Escrófulas. — V. Agua de mar, Sal, Vino, Café, Baños, Sol y Ejercicios.

Extenuación. — V. Leche, Sangre, Cacao, Pescado, el aceite, y Alimentación.

F

Fiebre biliosa. — V. Tamarindo y Limón.

Fiebre cerebral. — V. Sanguijuelas.

Fiebre inflamatoria. — V. Sal de nitro, Siempreviva, Dieta, Vinagre, Limón y Purgantes suaves.

Fiebre maligna. — V. Café, Canchalagua, Cacho de venado, Cascabel, Grana, Contrayerba, Ipasote y Vejigatorios.

G

Gálico (mal venéreo o sífilis). — V. Zarzaparrilla, Friegaplatos, Guayacán, Cascabel, Iguana, Jícaro, Mamey, Chichicaste, Zazafrás y Naguapate.

Gangrena. — V. Aloe, Carbón, Sauce, Ginicuite, Encina y Madrecacao.

Golpes. — V. Agua con vinagre.

Gota serena. — V. Agua.

Grietas o hendiduras. — V. Cacao, la manteca, Goma arábica y Lejía.

Güegüecho (bocio). — V. Huevo.

Gusanos. — Para matarlos, V. Aloe, Canchalagua, Cebadilla, Tabaco y Albahaca.

H

Heridas. — V. Afrecho, Agua, Algodón, Cascabel, Liquidámbar y Garza.

Hernia estrangulada. — V. Tabaco y Café.

Herpes. — V. Almidón, Hollín, Iguana, Llantén, Piñón, Tabaco y Trementina.

Hidropesía. — V. Aloe, Chichimora, Gengibre, Hierro, Mechoacán, Mostaza, Chichicaste y Talcacao.

Histerismo. — V. Frijolillo, Artemisa y Romero.

I

Ictericia. — V. Agua de mar, Baños, Cañafístula, Cuerno de ciervo, Chichimora, Escorzonera, Hiel de buey, Limón, Achiote y Huevos, la yema.

Impotencia. — V. Hormigas, Aguacate, Vino de coyol, Tortuga, Vainilla y Pescado.

Inapetencia. — V. Aloe, Copalchí e Incienso.

Incordio o bubón. — V. Purgantes, Dieta, Sanguijuelas, Limón y Lagartija.

Indigestión. — V. Alhucema, Carbón, Hiel de buey, Incienso, Mostaza y Aguardiente.

Infecundidad. — V. Hierro, Zarzaparrilla y Marañón.

Inflamación del bazo. — V. Friegaplatos, Aloe, Copalchí, Doradilla, Hierro, Higuerillo, Vejigatorio, Aguardiente y Guapinol.

Inflamación del estómago. — V. Limón, Linaza y Tuna.

Inflamación del hígado. — V. Agua de mar, Aloe, Berro, Frailecillo, Vejigatorio y Purgantes suaves.

Inflamación de la cara. — V. Sal común, Purgantes, Cataplasma y Dieta.

Inflamaciones dolorosas. — V. Tapa, Sanguijuelas, Cataplasmas, Linaza y Calabaza.

Inflamación crónica de los pies (elefantiasis). — V. Cordoncillo, Zarzaparrilla, Parietaria y Alimentos,

Inflamación crónica de los testículos. — V. Estoraque, Jícaro y Alhucema.

J

Jaqueca. — V. Café, Zarzaparrilla y Sal común.

L

Lavativas. — V. Afrecho, Linaza y Leche.

Locura. — V. Baños, Ajos, Cera, Tapa e Ipasote.

Lombrices. — V. Ajo, Almendro, Aloe, Cebadilla, Cuerno de ciervo, Garbanzos, Durazno, Granado, Higuerillo, Hollín, Incienso, Papaya, Ruda, Sal común, Tabaco, Vivorán, Ipasote, Coco y Frailecillo.

Loquios (purga de las recién desembarazadas). — Para restablecerlas, V. Escorzonera, Manzanilla y Naranjo.

M

Mal de ojos (oftalmia). — V. Baño tibio, Lechuga, Albahaca, Colirios y Sinapismo.

Mal de piedra. — V. Garbanzos, Piñón y Maíz.

Menstruación dolorosa. — V. Hierro, Zarzaparrilla, Liquidámbar, Aloe y Aguacate.

Menstruación. — Para promoverla, V. Artemisa, Escorzonera, Hierro, Siguapate y Naranjo.

Mosquitos. — Para que no piquen, V. Achiote y Cominos.

N

Nervios. — Para fortalecerlos, V. Alhucema, Artemisa, Hierro, Romero y Baño frío.

Niguas. — Para matarlas, V. Papaya, Mamey y la goma.

Nubes de los ojos. — V. Ruda, Aloe y Pescado.

Q

Quemaduras. — V. Algodón, Zábila, Leche, Rosa, Cal, el agua, Clara de huevo y Harina.

R

Rabia. — V. Baños, Fuego, Guaco, Lacre, Lejía de ceniza, Llantén y Tapa.

Reumatismo. — V. Guaco, Guayacán, Zarzaparrilla, Guarumo, Hipericón, Lejía de ceniza, Limón, exteriormente; Salitre, Tapa, Alhucema, Artemisa, Canchalagua y Burra.

S

Sarna. — V. Azufre, Baños, Carbón, Piñón, Tabaco y Ciruelo.

T

Tenia o Solitaria. — V. Verdolaga, Granado, Coco, Jagua y Sauquillo.

Tiña. — V. Hollín, Tabaco y Carao.

Tisis. — V. Papaya, Pino, Sal común, Pescado, Sangre, Agua de mar, Burra, Cacao, Cangrejo, Culantrillo, Encina, Hipericón, Carbón y Aguardiente.

Tumores crónicos. — V. Alhucema, Estoraque y Plomo.

Tumores agudos. — V. Malva, Linaza, Calabaza, Cebolla y Naranja agria.

Tos. — V. Azufre, Carao, Culantrillo, Encina, Escorzonera, Espino blanco, Grana, Jícaro, Orozuz, Papaya y Pescado.

U

Úlceras gangrenosas. — V. Aguardiente, Carbón, Ipasote, Ginicuite, Liquidámbar y Madrecacao.

Úlceras antiguas. — V. Zarzaparrilla, Aloe, Imán, Plomo y Garza.

V

Vejiga. — Para sus enfermedades, V. Azufre, Liquidámbar, Trementina, Zarzaparrilla y Baño de asiento.

Ventosidades. — V. Aguardiente, Alhucema, Anís, Cominos, Culantro, Pimienta y Albahaca.

Vientre. — Para facilitar sus funciones, V. Agua y Aloe.

Vida. — Para prolongarla, V. Alimentos, Aire, Agua y Sal común.

PARTE QUINTA: FORMULARIO TERAPÉUTICO

Colección de algunas útiles recetas para curar las enfermedades más conocidas y comunes en la América Central.

Cuando para una enfermedad se indiquen varias recetas, el inteligente o médico práctico elegirá aquella que juzgue más adecuada al paciente, según sus condiciones orgánicas y el estado de la enfermedad, aplicando en todo caso las medicinas a la dosis que convenga, atendida la edad del mismo enfermo.

A

Aftas o manchas blancas de la boca hacia el estómago. — Recetas: 1ª. Aplíquese la receta primera indicada en la palabra Gangrena de la boca.

2ª. Contra las aftas de los adultos o de los niños: Bórax o atíncar, dos dracmas. Miel de abeja, tres cucharadas. Aplíquese con un pincel tres veces al día sobre los lugares dañados.

3ª. Agua, seis cucharadas. Leche de piñón, una cucharada. Para enjuagatorio por tres veces al día.

Agruras de estómago. — Recetas: 1ª. Bicarbonato de soda o Sal de Vichy, 24 granos. Agua, nueve cucharadas para tomar tres de ellas una hora después de cada comida. Véanse otras recetas en la voz Estómago.

Almorranas. — Recetas: 1ª. Para curar las externas se usa la siguiente pomada: Manteca de puerco, 10 partes. Azufre, una parte. Albayalde, una parte. Mézclese bien para untar las almorranas tres veces al día.

2ª. Contra las almorranas internas es un laxante de muy buenos efectos el siguiente: Crémor de tártaro, dos onzas. Flor de azufre, dos onzas. Miel espesa, cantidad suficiente para hacer un compuesto blando. Dosis, una cucharada dos veces al día.

Angina membranosa. — Aplíquese la receta primera dada en la palabra Gangrena de la boca.

Para la angina común o dolor de garganta aplíquense gargarismos de cogollos de marañón, de tomates maduros, y … y tibias al exterior.

Apoplejía. — Para precaver y curar los ataques de esta terrible enfermedad: Guayaco en polvo, media dracma. Crémor, media dracma. Mézclese para una toma por la mañana por algún tiempo. Kaempí recomienda esta medicina como excelente.

Asma. — Recetas: 1 ª. Flor de azufre, una onza. Miel de azúcar, 16 cucharadas. Mézclese bien para tomar una cucharada por mañana y tarde. Es remedio muy recomendado, pero usándolo siquiera treinta días.

2 ª. Extracto de belladona, cuatro granos. Extracto de valeriana, ocho granos. Háganse ocho píldoras para tomar una por la mañana y otra por la noche en el intervalo de los accesos.

B

Bazo. — Recetas: 1 ª. Cáscara del árbol de guapinol, media onza. Agua, media botella. Hiérvase, cuélese y bébase en el día en tres tomas, una cada cuatro horas. El uso de este medicamento por dos o tres semanas cura en muchos casos la obstrucción del bazo ocasionada por las calenturas comunes de larga duración.

2 ª. Úsese la medicina indicada en la receta segunda de la palabra Hígado.

3 ª. Dos granos de sulfato de quinina y cuatro de ruibarbo, por mañana y tarde, por veinte o treinta días, deshacen por completo la inflamación del bazo.

4 ª. Cuando la inflamación del bazo resiste a esos remedios, se aplica al paciente el que sigue: Bicarbonato de soda, una onza. Divídase en 30 papelitos, y se toma hasta curarse uno por mañana y otro por tarde en un poquito de agua de azúcar.

C

Cálculos biliares. — Para deshacerlos: Éter sulfúrico, 20 gramos. Esencia de trementina, 10 gramos. Mézclense para tomar durante algunos meses, a la dosis de 15 a 20 gotas por día en una cucharada de agua de azúcar, bebiendo enseguida una tacita de leche o de suero de leche. Es, asimismo, buen remedio contra los cólicos biliosos.

Calenturas comunes o intermitentes (que entran y salen). — Receta: Límpiese el estómago y vientre, primero con vomitivo, y enseguida con purga, o solo con esta, eligiendo el vomitivo o purgante que más convenga al temperamento y estado del enfermo, y adminístrense al día siguiente 16 a 20 granos de sulfato de quinina divididos en cuatro tomas, una cada dos horas, en un poquito de café con 20 gotas de ácido de limón.

A los pequeños se les darán dichos remedios en cantidad proporcionada a su edad.

Las cuartanas y tercianas se curan como queda dicho, pero es necesario seguir tomando por quince días la medicina indicada en la receta segunda, palabra Hidropesía.

2 ª. Café medio tostado y molido, una onza. Agua hirviendo, una tacita común. Tápese la infusión por media hora, cuélese y añádanse dos cucharadas de ácido de limón. Tómese en ayunas antes de que entre la calentura, repitiéndose lo mismo por seis o más días.

3 ª. Córtese en pedacitos un limón con su cáscara y semillas. Póngase a hervir en media botella de agua en un trasto de barro hasta que el líquido quede reducido a la mitad. Se cuela y se administra todos los días como el anterior. Es medicamento fácil y muy recomendado.

Calenturas intermitentes rebeldes o crónicas. — Recetas: 1 ª. Ferrocianato de hierro y quina, 32 granos. Háganse 32 píldoras, y se toman en dos días, dos cada dos horas.

2 ª. Ácido arsenioso, 16 granos. Goma arábica en polvo, 10 granos. Pimienta picante o de Castilla, 18 granos. Harina de trigo, 158 granos. Háganse 200 píldoras para tomar una al día. Es igualmente bueno ese remedio para las enfermedades de la piel en su estado crónico.

Callos. — Ácido nítrico, una onza. Opio, 24 granos. Mézclese y tóquense los callos con un pincel empapado en esa solución para destruirlos.

Cáncer. — Se combate esa terrible enfermedad con la receta siguiente: Extracto de cicuta, 90 granos. Protoyoduro de hierro, 180 granos. Háganse 50 píldoras para tomar una por mañana y otra por tarde.

2 ª. Si el cáncer está ya abierto, se cauteriza con ácido fénico líquido. Al tercer día se lava con jabón y agua alcanforada, o de ginicuite tibia. Se enjuaga o seca bien, y se le aplica enseguida una unción de la pomada que sigue: Manteca de puerco, cuatro onzas. Yodoformo, 10 granos. Yoduro de potasa, 20 granos. La operación del lavado y unción se repite todos los días por la mañana.

Carbunclo. — Recetas: 1 ª. Miel de abejas, seis cucharadas. Yemas de huevo, dos. Alumbre calcinado en polvo, una dracma. Linaza en polvo, cantidad suficiente. Mézclese bien para hacer una cataplasma y aplicarla tibia al tumor carbuncloso, renovándola todos los días.

2 ª. Todavía más eficaz es para curar el carbunclo la receta primera indicada en la palabra Llagas gangrenosas.

Catarros crónicos, nasales o de la vejiga o vagina. — Receta: Tómense tres veces al día cuatro cucharadas de agua de goudrón o de alquitrán preparada así: Agua, ocho partes. Alquitrán, una parte. Se tiene en maceración o infusión en frio por ocho días para usarla enseguida.

Cloróticas (Personas descoloridas). — Para adquirir su buen color, usen la siguiente receta: Limaduras muy finas de hierro, 60 granos. Harina o miga de pan, 60 granos. Háganse 80 píldoras. Dosis, ocho al día, dos cada dos horas.

Cólera morbo. — Recetas: 1 ª. Tintura de valeriana, dos cucharadas. Éter sulfúrico, una cucharada. Buen láudano líquido, una cucharada. Esencia de yerbabuena, 40 gotas. Mézclense bien y ténganse en un frasco bien tapado. Dosis, 20 gotas de hora en hora, sin pasar de cuatro tomas. Es excelente remedio. Administrándolo en el primer periodo son raros los casos en que la enfermedad no cese.

Cuando la epidemia aparezca en una localidad, esta composición no debe faltar a las familias y a los viajeros.

2 ª. — Como bebida excitante en el curso del cólera, adminístrese al enfermo de hora en hora una cucharada de la siguiente preparación: Infusión de té de la China, medio vaso. Aguardiente, medio vaso. Jugo o ácido de limón, dos cucharadas. Azúcar en polvo, seis cucharadas. Mézclese bien el todo para usarlo.

Colerín. — Dese al enfermo la toma indicada en la receta tercera de la palabra Vómitos.

Cólicos agudos. — Recetas: 1 ª. Tómese una onza de aceite de castor en un poquito de agua de manzanilla caliente.

2 ª. Tómense ocho píldoras de tamaño común de la mezcla siguiente: Jabón medicinal, aloes, jalapa y ruibarbo, de cada cosa cantidad igual. Se incorporan bien en un mortero y se hacen las píldoras.

Cólicos biliosos. — Recetas: 1 ª. La indicada en la palabra Cálculos biliares.

2 ª. Tómese por algún tiempo dos cucharadas de aceite de coco en ayunas. Bastan para curar el cólico y preservar de nuevos ataques.

Cólico miserere. — Recetas: 1 ª. Jalapa, 12 granos. Aloes, ocho granos. Aceite de crotón, una gota. Opio, un grano. Se hacen ocho píldoras para tomarlas de una vez.

2 ª. En caso desesperado y de ineficiencia de la anterior receta, apliquese al enfermo una lavativa de cocimiento de una dracma de tabaco seco de fumar, y la evacuación se obtendrá inmediatamente.

Cólicos nerviosos. — Véase Lavativa de asafétida.

2 ª. Ruibarbo, 48 granos. Opio, cuatro granos. Tritúrense bien, háganse seis papelitos y tómese uno todas las mañanas.

Cólico ventoso. — Tome el enfermo tres píldoras de goma asafétida del tamaño de una pimienta de Castilla, una cada cuatro horas por tres días.

Corazón. — Contra el dolor y palpitaciones desordenadas de esa entraña, tómese la medicina siguiente: Hojas de digital, 20 granos. Viértase sobre ellas en trasto adecuado 12 cucharadas de agua hirviendo. Dosis, dos cucharadas cada dos horas.

CH

Chancro. — Recetas: 1 ª. Percloruro de hierro líquido, dos cucharadas. Agua, cuatro cucharadas. Ácido de limón, una cucharada. Para aplicarla al chancro con un pincel o brochita de pelos finos una vez al día.

2 ª. Nitrato de plata o piedra infernal, 10 granos. Agua, 10 cucharadas. Se disuelve y usa como la anterior.

3 ª. Clorato de potasa, una dracma. Agua, 12 cucharadas. Úsese como las otras.

4 ª. Ungüento mercurial, 30 gramos. Ungüento amarillo, 90 gramos. Mézclese por trituración en mortero y aplíquese sobre el chancro o llaga venérea o galicosa, lavándola previamente todos los días con jabón y agua de romero, y secándola antes de untar el ungüento.

D

Debilidad. — Recetas: 1 ª. Tómese por algún tiempo la leche quinizada, compuesta así: Leche fresca de vaca, uno y medio vaso. Quina del Perú quebrantada, una dracma. Hiérvase y cuélese para tomarla en el día. Esa leche conviene también a los convalecientes, a los descoloridos y a los atacados de gangrena.

2 ª. Leche tibia de vaca, un vaso. Yemas de huevo, dos. Polvo de canela, 24 granos. Bátanse bien, y se añaden seis cucharadas de buen vino moscatel o Málaga.

3 ª. Huesos quemados hasta que queden blancos. Pulverícense bien y tómense de una a dos dracmas al día por algún tiempo. El uso interior de este medicamento facilita la consolidación de las fracturas de los huesos. Es una sustancia restauradora, y, en cierto modo, un alimento mineral. Se recomienda contra el reumatismo, la tisis, la diarrea y las escrófulas. A los niños débiles propensos a la diarrea los robustece admirablemente.

4 ª. Vino de Jerez, una botella. Raíz de valeriana, una onza. Limaduras finas de hierro, una onza. Se deja y se sacude con frecuencia por ocho días en una botella, se cuela después y se toman tres cucharadas al día.

Desmayos y convulsiones nerviosas. — Se alivian tomando dos o tres veces al día la poción siguiente: Agua azucarada, ocho cucharadas. Éter sulfúrico, de 25 a 40 gotas.

Desvanecimientos nerviosos rebeldes. — Receta: Polvos de pimienta cubeba, cuatro dracmas. Háganse tres dosis para tomarlas en el día. Debe administrarse por algunos días.

Desvelos. — Para conciliar el sueño, úsese la receta segunda dada en la palabra Dolores internos comunes. Es también muy bueno, y si no los inconvenientes del opio, el cocimiento de cáscara de gualiqueme tomándolo en la dosis de uno y medio vasos al día.

Diabetes (Orina abundante y azucarada que destruye la vida). — Para combatirla, úsese la receta primera dada en la palabra Flores blancas.

Diarreas crónicas. — úsese la receta primera indicada en la voz Flores blancas.

2 ª. Leche de vaca, una botella. Alumbre en polvo, una dracma. Póngase a hervir en un trasto de barro. Ya cuajada la leche cuélese el suero, añádasele un poco de azúcar y se administra media taza cada dos horas.

3 ª. Cáscaras del fruto del granado o de sauce silvestre, una onza. Agua, una botella. Hiérvase para tomarla en el día.

4 ª. Polvos de Dower, 32 granos. Subnitrato de bismuto, 80 granos. Alumbre, 24 granos. Háganse 40 píldoras con mucílago de grana, y adminístrense cinco dos veces al día. Es remedio excelente.

5 ª. Más eficaz es aún esta composición: Tintura de ruibarbo. Tintura de opio. Tintura de alcanfor. Tintura de yerbabuena. Tintura de cápsicum (Chile). Tintura de catecú. Mézclese de todo a partes iguales, y tómense de 20 a 60 gotas, dos a cuatro veces al día. A los pequeños, en proporción a su edad.

Diarrea de los niños. — Muy buena es contra ella la composición siguiente: Aceite puro de almendras, tres cucharadas. Aceite de castor, tres cucharadas. Se mezcla bien y se administra a los niños una cucharadita de las de café por mañana y por tarde. Esta medicina debe usarse por algunos días para que de sus buenos efectos.

Disentería. — Recetas: 1 ª. Úsese la receta cuarta indicada en la palabra Diarrea crónica.

2 ª. Contra las disenterías que atacan en los países cálidos: Calomelanos o mercurio dulce, 20 granos. Opio, tres granos. Ipecacuana, 20 granos. Háganse 12 píldoras para tomar cuatro al día, una cada tres horas.

3 ª. Extracto alcohólico de acónito, dos granos. Agua azucarada, tres onzas y media. Se toma a cucharadas en las veinticuatro horas. Suprime la evacuación sanguínea, y queda solamente mucosa, la cual puede combatirse con la ipecacuana, el maná, etc.

4 ª. Agua tibia de canela azucarada, media taza. Se mezcla bien en ella una clara de huevo y se toma de una vez. Esto se repite cuatro o cinco veces al día. Al mismo tiempo, echase al paciente una lavativa de dos claras de huevo con seis gotas de láudano disueltas en un poco de agua tibia.

Dispepsia o digestión dificultosa. — Véase Estómago. Úsese la siguiente receta: Ruibarbo, 48 granos. Jabón medicinal, 48 granos. Ipecacuana, 24 granos. Háganse 24 píldoras para tomar de dos a tres después de la comida.

Dolor de cabeza inveterado. — Recetas: 1 ª. Extracto de beleño y de belladona, cinco granos de cada uno. Extracto de lechuga, 10 granos. Opio, 3 granos. Manteca de cacao, cinco granos. Háganse 30 píldoras para tomar una por mañana y por tarde.

2 ª. Se curan también los dolores crónicos de cabeza con la receta siguiente: Zarzaparrilla de bejuco, una onza, machacada y cocida en dos vasos de agua. Yoduro de potasa, 10 granos, que se disolverán en el agua de zarza. Es la dosis diaria por treinta días.

Dolor de cabeza nervioso. — úsese la receta primera indicada en la palabra Jaqueca.

Dolor de costado. — Recetas: Cuando la persona atacada de dolor de costado es consistente y tiene le pulso muy cargado y violento, o hay desatino o desvarío, debe inmediatamente sangrarse del brazo del lado del dolor y sacarle de 8 a 12 onzas de sangre. Se le administrará a la vez una purga de castor, y se le abrirá un cáustico regular sobre el lugar del dolor. Si antes de los siete días de comenzado el dolor no cede la calentura, se repite la sangría en el otro brazo. Si las sangrías no bastaran para curar el dolor y la calentura, o el enfermo, por ser extenuado, débil o anciano no debiere sangrarse, se le hará tomar sin demora la medicina siguiente: Agua de cebada o linaza, 32 cucharadas. Tártaro emético, seis granos. Se mezcla bien en una botella, y se administra una cucharada cada hora, cuidando de que el enfermo esté abrigado para favorecer el sudor. Esta medicina es heroica, y puede usarse hasta por tres días, en los cuales se dominará la enfermedad. Al paciente se dará en la enfermedad por bebida a pasto cocimiento tibio de parietaria, saúco o borraja. La alimentación debe ser líquida y ligera en cuanto sea suficiente para sostener la vida y fuerzas del enfermo, cuidando de que tenga corriente el régimen del vientre.

2 ª. Cuando en el curso de la enfermedad, o después de ella, tiene el paciente tos y difícil expectoración, se le darán dos cucharadas cada tres horas de la composición siguiente: Miel rala de azúcar, ocho cucharadas. Agua de goma espesa, dos cucharadas. Kermer mineral, cuatro a ocho granos

3 ª. A los ancianos atacados de dolor de costado que se hallen en estado de postración y delirio, adminístreseles dos cucharadas cada hora de la bebida siguiente: Miel rala, ocho cucharadas. Infusión de yerbabuena o de hojas de naranjo, 12 cucharadas. Almizcle, ocho granos. Se mezcla bien y se tiene en botella para usarla tibia.

4 ª. Para calmar el dolor en el curso de la enfermedad úsese el medicamento indicado en la palabra Corazón.

Dolores internos comunes. — Recetas para calmarlos1. 1 ª. Tómense en un poquito de agua azucarada de 25 gotas de láudano. A los niños que se les dé láudano, debe ser prescrito por un facultativo.

2 ª. Tómense dos cucharadas cada hora de la composición siguiente: Hidrato de cloral, 18 granos. Agua azucarada, seis cucharadas. Mézclese y téngase en frasco cerrado.

Dolores nerviosos. — Fricciones de aceite alcanforado compuesto como se indica en la receta primera de la palabra Reumatismo.

Dolor de oídos. — Se cura inmediatamente con el procedimiento siguiente: En el cubo de una pipa de fumar se introduce un algodón empapado con cinco gotas de cloroformo. En el acto se introduce la extremidad del tubo de la misma pipa en el oído, y se le hacen llegar los vapores del cloroformo soplando con la boca el cubo de la pipa donde se colocó el algodón cloroformado.

Dolor de orina. — Se alivia con las píldoras siguientes: Alcanfor, 12 granos. Sal de nitro, 24 granos. Háganse 16 píldoras. Dosis, dos cada hora.

Dolores por resfriados. — Úsese la receta dada en la palabra Dolores nerviosos.

E

Embriaguez. — Para disiparla o quitarla al que actualmente la sufre, désele una sola toma de agua azucarada con 10 gotas de álcali volátil, la que puede repetirse por segunda vez con intervalo de dos horas.

Para combatir lo que llaman *goma* o delirio nervioso y malestar que sigue a la embriaguez, tómense dos cucharadas cada hora de la siguiente medicina: Hidrato de cloral, 18 granos. Agua azucarada, seis cucharadas. Según la intensidad de la goma debe doblarse y aun triplicarse la dosis de dicho remedio.

Enfermedades de la piel (cutáneas). — Receta: Sulfuro de antimonio, 120 granos. Sal de nitro, 120 granos. Resina de guayaco, 120 granos. Mézclense y háganse 26 papeles para tomar uno por mañana y tarde.

Enflaquecimiento. — Se cura con la medicina en la receta primera, palabra Tisis.

Epilepsia. — Recetas: 1.ª. Quina del Perú, en polvo, una dracma. Limaduras de estaño y valeriana en polvo, media onza de cada una. Miel de azúcar, cantidad suficiente para que la mezcla no quede dura ni muy blanda. Dosis, tres cucharadas al día. Es medicina antigua muy recomendada, pero debe prepararse en una farmacia.

2.ª. Hojas de ruda, dos dracmas. En trasto adecuado viértase sobre ella un vaso de agua hirviendo. Tápese, y fría, cuélese para cuatro tomas en el día, una cada tres horas por quince días.

3.ª. Extracto de beleño, de valeriana y óxido de cinc, una dracma de cada uno. Háganse píldoras pequeñas. Dosis, de una a tres en todo el día. Son también provechosas contra las neuralgias y otras afecciones nerviosas.

4.ª. Vino de Málaga, una botella. Cabalongas, bien pulverizadas, dos. Déjese la botella tapada y expuesta al sol por ocho días, sacudiéndola con frecuencia, y cuélese después. Dosis, una cucharada por mañana y tarde. Es remedio muy recomendado. Para los niños atacado de convulsiones periódicas, en forma crónica, es excelente medicamento graduando la dosis según su edad.

Erisipela. — Recetas: 1 ª. Sulfato de hierro, dos dracmas. Disuélvanse en media botella de agua. Se aplica con provecho sobre las partes atacadas de la enfermedad.

2 ª. Aplíquese a las partes erisipelatosas álcali volátil, con un pincel o pluma empapado en ese líquido.

Escarlatina. — Para precaverse de la fiebre conocida con ese nombre en tiempo de epidemia, úsese la receta siguiente por espacio de quince días. Tintura de belladona, dos dracmas. Agua de yerbabuena, 15 cucharadas. Dosis, a los niños de uno a cuatro años una cucharadita; a los de cuatro a diez, dos cucharaditas, y a los de mayor edad, tres o cuatro.

Escorbuto. — Úsese la receta primera dada en la palabra Gangrena de la boca.

Escrófulas. — úsese la medicina indicada en la receta primera, palabra Tisis.

2 ª. Yodo, cuatro granos. Yoduro de potasa, ocho granos. Agua, una botella. Para tomarla en dos días. Es una excelente bebida contra las afecciones escrofulosas tomándola por el tiempo conveniente.

Esquinencia o angina aguda. — Adminístrese de dos a tres cucharadas cada hora de esta composición: extracto de belladona, un grano. Agua, tercera parte de una botella. Al mismo tiempo pueden aplicarse sanguijuelas o cataplasmas emolientes sobre la inflación, si fuere muy considerable.

Estiptiquez. — Tómese al acostarse una o dos píldoras de las indicadas en la receta segunda, palabra Cólicos agudos. Son muy provechosos.

Estómago. — Contra las agruras, acedías y debilidad del estómago, es muy provechoso el uso del cocimiento de cáscaras machacadas de copalchí, del cual se tomarán dos cucharadas cada cuatro horas por espacio de quince días.

2 ª. También se curan las acedías y desarreglo del estómago con el medicamento siguiente: Magnesia calcinada, 20 granos. Bicarbonato de soda, 20 granos. Se disuelven en un vaso de agua para tomarlo en el día.

3 ª. Cuando los desarreglos del estómago sean más graves y antiguos, y tengan ya al enfermo barrigón, flaco y descolorido, con tendencia a hidropicarse, se curará con toda seguridad con la medicina siguiente: Magnesia carbonato o de terrón, dos dracmas. Ruibarbo, dos dracmas. Sulfato de quinina, 30 gramos. Háganse 30 papeles, para tomar uno por mañana y tarde. Puede repetirse el remedio por otra

quincena si es preciso, hasta obtener la curación del enfermo. Para los niños, en cantidad proporcionada a su edad, es heroica esta medicina.

Estreñimiento invencible. — Cuando por causa de él está en peligro la vida del enfermo, adminístresele la lavativa de tabaco indicada en la voz Cólico miserere, y evacuará inmediatamente.

Fiebres graves. — Recetas: 1ª. Fricciones de las piernas, brazos y espinazo con aceite alcanforado, compuesto como se indica en la receta primera de la palabra Reumatismo.

2ª. En las fiebres pútridas conviene, para evitar la corrupción de la sangre y la gangrena, tomar seis o más cucharadas al día de agua alcanforada que se prepara así: Alcanfor pulverizado, una dracma. Agua común, una botella. Sacúdase bien la mezcla en la misma botella, se cuela y pasa a otra para usarla.

3ª. En ciertas fiebres graves de dilatada duración, en las que el paciente se halla muy postrado y débil, conviene administrarle, de hora en hora, una cucharada de la bebida excitante que se indica en la receta segunda, palabra Cólera morbo.

4ª. En los casos de fiebre con postración y tendencia a la putridez, adminístrese esta receta: Quina del Perú, una onza. Agua, una botella. Hiérvase. En el cocimiento hirviendo se echan dos dracmas de raíz de valeriana. Se quita del fuego el vaso del cocimiento, se tapa, y estando ya frío, se cuela para administrar al enfermo seis cucharadas cada hora. En vez de valeriana puede usarse Serpentaria de Virginia.

5ª. En los mismos casos. Quina del Perú en polvo, dos dracmas. Póngase en un vaso adecuado. Viértase sobre ella media botella de agua hirviendo. Ya fría, se cuela y administra a la dosis de una cucharada de hora en hora.

6ª. En las fiebres graves de naturaleza pútrida inflamatoria, se usan con buen éxito las píldoras siguientes: Alcanfor, 12 granos. Sal de nitro, 24 granos. Hágase 16 píldoras para tomar dos cada hora.

Fiebre intermitente perniciosa (La que en cada acceso ataca con convulsiones u otros accidentes de igual gravedad). — Receta: Sulfato de quinina, 60 granos. Calomel, 16 granos. Escamonea, 16 granos. Extracto de coloquíntida, 16 granos. Mézclense perfectamente y háganse cuatro papeles para administrar uno cada dos horas. En casos gravísimos, esta receta ha producido felices efectos.

Fiebre tifoidea. — Úsese la receta primera dada en la palabra Gangrena de la boca.

2ª. Acido fénico, una parte. Agua, 200 partes. Dosis, 40 gotas de esta solución, dos o más veces al día.

3 ª. Agua de goma, ocho cucharadas. Limonada azucarada, ocho cucharadas. Clorato de potasa, 30 granos. Mézclese el todo para administrarlo en el día, dos cucharadas cada hora.

Cada día aumentan 18 granos de clorato de potasa a la poción anterior sin pasar de ciento la dosis.

Flato. — La flatulencia que por desarreglos en el estómago padecen algunas personas débiles o nerviosas se cura con la medicina siguiente: Culantro, anís y hojas secas de yerbabuena, media onza de cada una. Se pulverizan bien, se mezclan y se hacen 12 papelitos para tomar uno todas las mañanas.

Flores blancas (Leucorrea o flujos blancos de las mujeres). — Recetas: 1 ª. Tómense al día de cuatro a seis cucharadas de agua de cal en un poco de leche o infusión de linaza por quince o más días. El agua de cal se prepara así: Cal recién apagada, una onza. Agua, una botella. Se revuelve bien y se deja asentar para usarla cuando ya está clara.

2 ª. Inyección. Alumbre en polvo, una dracma. Agua común, una botella. Inyéctese dos o tres veces al día. Es buena también contra la blenorragia crónica.

3 ª. Clorato de potasa, 80 granos. Agua, ocho onzas. Para inyecciones tres veces al día.

4 ª. El Dr. Moktimer Wilson, cuando ese flujo ha sido sencillo, sin complicación de úlceras, ha curado más de cien casos de esa molesta enfermedad prescribiendo tomar por mañana y por tarde, después de las comidas, de dos a tres granos de sulfuro de calcio disuelto en un poco de miel.

5 ª. Raíz de genciana, una dracma. Se pone en infusión en seis onzas de agua fría por cuatro horas. Se cuela para tomarla de una vez, haciendo lo mismo por dos o tres semanas.

Contra esta enfermedad ingrata, de que difícilmente se curan con remedios de botica las mujeres que la padecen, es otro seguro remedio el que sigue:

De la colmena llamada Jimerito, de pequeñas abejas oscuras, se saca lo que la gente llama la flor, o sea, un polvo amarillento dulzoso contenido en álveos de cera; y separadamente se extrae la miel, la cual, bien limpia y colada, se guarda o trasiega en una botella.

Practicado lo dicho, tomará la enferma por mañana y tarde una cuarta de onza de la referida flor, disuelta en ocho cucharadas de agua, tomando, al mismo tiempo, tres veces al día, medio cristal de agua endulzada con tres cucharadas de la miel de dicha colmena. Ese procedimiento se observará todos los días, siendo seguro que, a lo más, a los quince o veinte habrá desaparecido la enfermedad.

Flujos activos de sangre. — Recetas: 1 ª. Tómese el agua nitrada que se indica en la receta primera, palabra Irritación de las vías urinarias.

2 ª. Úsese la leche aluminosa indicada en la receta segunda, palabra Diarrea crónica.

3 ª. Úsese la receta segunda dada en la voz Purgación.

4 ª. Úsese la receta segunda dada en la palabra Desvelos, la cual conviene también contra los flujos mucosos.

5 ª. Cáscara del fruto del granado o de sauce silvestre, una onza. Agua, una botella. Hiérvase para tomarla al día. También se usará en inyecciones ese cocimiento.

6 ª. Raspaduras de cuerno de venado, media onza. Miga de pan blanco o harina de trigo, media onza. Goma arábica o de espino blanco, media onza. Azúcar, una onza. Agua, una botella. Hiérvase bien y háganse cuatro tomas para el día. Es un buen remedio y muy alimenticio.

7 ª. Acetato de plomo o azúcar de saturno, 16 granos. Buen láudano, 80 gotas. Vinagre, una y media onzas. Agua, dos onzas. Dosis, una cucharada cada hora.

8 ª. Cuando el flujo no cede a ningún medicamento interno, y amenaza la vida de la paciente, se le aplicará la inyección que sigue: Percloruro de hierro, una cucharada. Agua, ocho cucharadas. Úsese la inyección cada dos o tres horas, según la gravedad del caso. Es un remedio eficaz; y si no quita el flujo, se aumenta un poco la dosis de percloruro a la inyección.

G

Gálico o sífilis. — Para curar a las personas galicosas, ulcerosas, chancrosas y reumáticas. Receta: Protoyoduro de mercurio, 20 granos. Opio, ocho granos. Polvos de zarzaparrilla, 100 granos. Tritúrense bien, y con mucílago de goma háganse 80 píldoras para tomar de una a dos al día.

Gangrena de la boca. — Recetas: 1 ª. Clorato de potasa, 18 granos. Agua azucarada, seis cucharadas. Mézclense y adminístrense una cucharada cada dos horas. La dosis del clorato puede irse aumentando sin llegar a pasar de una dracma.

2 ª. Contra la gangrena interna o externa. Alcanfor pulverizado, 12 granos. Quina del Perú, en polvo, 24 granos. Háganse 20 píldoras para tomar cinco cada dos horas.

3 ª. Véanse las palabras Heridas gangrenosas y Llagas gangrenosas.

Granos. — Los granos que se forman en la cabeza, en la boca y en cualquier otra parte y se hacen difíciles de sanar con otros remedios, se curan con el siguiente: Aceite de olivas o de comer, una cucharada. Jabón negro del país, que no tenga papaya, media dracma. Se mezcla muy bien hasta reducirlo a papilla y se aplica tres veces al día sobre los granos.

Gusanos en el interior de la nariz o del oído. — Recetas: 1 ª. Jugo verdoso o de mal olor, de las hojas de zábila, una parte. Agua tibia, otra parte igual. Se mezclan bien y se echa al paciente una inyección por la mañana y otra por la tarde. No quedará un gusano que no salga a morir fuera de la úlcera; pero si quedaren algunos, se echarán las inyecciones de solo el jugo de zábila sin mezcla de agua.

2 ª. Agua de linaza, un poco espesa, 12 cucharadas. Aloes, una dracma. Se mezcla bien en un mortero y se aplica en inyecciones como la anterior. Las inyecciones se han de echar estando el paciente boca arriba y con la cabeza colgante hacia afuera de la orilla de la cama.

3 ª. Cocimiento fuerte de albahaca de cualquier especie para inyecciones, como las anteriores.

H

Hemorragias pulmonares (hemoptisis). — Recetas: 1 ª. Tómense dos cucharadas cada dos horas de la mezcla siguiente: Percloruro de hierro, 15 gotas. Agua azucarada, 12 cucharadas. Es la dosis de cada día.

2 ª. Tómese medio vaso cada tres horas por cuatro veces al día del cocimiento siguiente: Agua, tres vasos. Hojas de jate.

3 ª. Se cuecen en un jarro de barro hasta que el agua se reduzca a dos vasos. Se retira del fuego, se cuela y se usa fría. Es remedio seguro que da excelentes resultados, y debe continuarse por seis u ocho días o más.

Heridas gangrenosas. — Recetas: 1 ª. Lávense todos los días con agua fenicada compuesta así: Agua, una botella. Acido fénico líquido, una cucharadita. Después de lavadas se enjuagan y se cubren con hilas secas, lo cual se practica hasta obtener la cicatrización. Pero si esta se remotiza o dificulta, se usará la receta dada en la palabra Llagas gangrenosas.

2 ª. Lávense todos los días con jabón de trementina y agua tibia alcanforada o de quina y viértanse sobre ellas, después de enjuagadas unas gotas del compuesto siguiente: Tintura de yodo, una cucharada. Agua, una cucharada.

Herpes o jiotes escamosos. — Se curan con la pomada siguiente: Alquitrán, una parte. Manteca de puerco, cuatro partes. Se incorporan fundiéndolas a fuego manso en un trasto cualquiera, y se aplica a mañana y tarde lavándose con jabón cada tres días el lugar enfermo.

2 ª. Contra los herpes húmedos. Calomel o mercurio dulce, 80 granos. Azufre flor, 80 granos. Manteca de puerco, una onza. Se mezcla bien, se aplica una vez al día sobre la parte enferma y se lava con jabón y agua tibia de quina o ginicuite, cada dos días.

Hidropesía. — Recetas: 1 ª. Como bebida diurética conviene en esta enfermedad la siguiente: Sal de nitro bien pulverizada, una dracma. Tintura de digital, 20 gotas. Mézclese en un vaso de cerveza y se toma en ayunas.

2 ª. Para curar radicalmente la hidropesía, dese primero una purga de mechoacán al enfermo, o de calomel y jalapa si tuviese obstrucción del hígado o bazo. Dos días después se le comenzará a administrar por uno o dos meses la siguiente medicina: Ruibarbo, ocho granos. Magnesia común, ocho granos. Sulfato de quinina, dos granos. Se mezcla y se divide en dos papeles para tomar uno por la mañana y otro por tarde. Es la dosis diaria. El mismo tiempo debe el enfermo tomar el agua ferruginosa indicada en la receta primera, palabra Menstruaciones acuosas o desarregladas.

3 ª. En los casos de tendencia a la hidropesía por debilidad se evita su desarrollo tomando cotidianamente, por algún tiempo, dos vasos de cocimiento de cáscara de ginicuite (palo giote).

4 ª. Para promover el sudor en los hidrópicos y facilitar así su curación. Alcanfor, 50 granos. Opio, ocho granos. Háganse 30 píldoras y se tienen en bote cerrado para tomar tres al día.

5 ª. Para promover la orina de los hidrópicos y ayudar también de este modo a su curación. Digital en polvo, seis granos. Sal de nitro, 18 granos. Crémor tártaro, 18 granos. Háganse tres papeles para tomarlos en el día, uno cada cuatro horas. Debe tomarse por ocho o más días.

6 ª. Con el mismo fin. Escila en polvo, ocho granos. Sal de nitro 18 granos. Se administran al día, en dos tomas, en agua de canela.

7 ª. Contra las hidropesías procedentes de enfermedades del hígado, lo mismo que contra estas enfermedades. De un subarbusto o planta que se cría en las orillas de los ríos en los climas cálidos, y se le conoce con el nombre de *sambrano*, se toma una raíz del tamaño de una cuarta de vara, la cual se machaca y se coloca en una taza grande. En la misma taza se pone una dracma de ruibarbo en un chuponcito de trapo ralo. Se echa sobre dichos ingredientes el agua que pueda tomar en dos días el enfermo, y la tomará en ellos. Esa misma medicina se renueva cada dos días. Es un remedio superior, probado entre las gentes del pueblo, que han obtenido con él maravillosas curaciones.

Hidropesía de pecho. — Se han curado eficazmente casos desesperados de esa enfermedad, haciendo tomar al paciente por algunos días 100 gotas de éter sulfúrico, cada dos o tres horas, en agua azucarada. Bajo la influencia de esa medicación, la orina se ha aumentado considerablemente, y el enfermo se ha salvado. El doctor Lafontaine la recomienda mucho.

Hígado. — Recetas: 1 ª. Se destinan seis botellas limpias. Se pone en cada una de ellas dos dracmas de crémor tártaro común. Se llenan de agua azucarada, y se les pone buen tapón. Se dejan por ocho días al sol y al sereno. Al cabo de ese tiempo, la solución se ha convertido en un licor agradable, del que se puede usar hasta una botella al día en casos de inflamación o irritación del hígado.

2 ª. Contra la inflamación aguda del hígado. Calomel o mercurio dulce, seis granos. Miga de pan, 20 granos. Háganse 10 píldoras para tomar una cada hora. Al día siguiente, dese un purgante.

Hipo. — Agua azucarada, media botella. Ácido sulfúrico, 10 gotas. Para tres tomas en el día, una cada tres horas.

Esta limonada conviene también en las fiebres de mal carácter cuando hay síntomas de escorbuto o de corrupción de la sangre.

Histerismo. — Tómese contra esta enfermedad el medicamento indicado en la receta primera, palabra Epilepsia.

I

Ictericia. — Tómense por ocho días dos píldoras por la mañana y dos por la tarde de las indicadas en la receta segunda, palabra Cólicos agudos.

Impotencia viril. —Almizcle, media dracma. Azafrán, una dracma. Clavos de especia, en polvo, una dracma. Gengibre en polvo, una dracma. Azúcar, media onza. Mézclense, pulverícense y háganse 16 papelitos. Dosis, uno por la mañana y por tarde.

Inapetencia. — Para curarla y recobrar el apetito. Arseniato de soda, un grano. Tintura de genciana, 10 granos. Agua azucarada, 180 granos. Dosis, una cucharada antes de cada comida.

Incordios. — Trátense como se indica en la palabra Tumores.

Inflamaciones agudas. — Recetas: 1 ª. Aplíquese sobre ellas una cataplasma compuesta así: Harina de linaza, cantidad suficiente. Póngase en un plato, y se vierte sobre ella agua hirviendo en cantidad proporcionada, y se remueve con una cuchara para formar la cataplasma. Échese sobre ella una cucharadita de láudano, y aplíquese tibia sobre la parte inflamada.

2 ª. Para resolver las inflamaciones se aplicará tres veces al día sobre la parte inflamada la unción siguiente: Aceite de almendras, cuatro cucharadas. Azúcar de saturno, media dracma. Se incorpora bien para usarla tres veces al día.

3 ª. También se resuelven las inflamaciones aplicándoles cataplasmas tibias preparadas así: Hojas de tomate molidas con algunos tomates maduros. Añádase un poco de agua con sal y vinagre para ablandar la cataplasma.

Inflamación cerebral. — Contra esa grave enfermedad, conviene la medicina siguiente: Calomel, 10 granos. Sal de nitro, una dracma. Tritúrense bien y háganse cinco papelitos para tomar uno cada dos horas, enjuagándose siempre después muy bien la boca, porque quedando calomel en los dientes los bota. Al día siguiente tomará un purgante.

2 ª. También se aplica en la inflamación cerebral, particularmente de los niños, el agua refrigerante que sigue, la cual baja 20 grados la temperatura. Sal amoniaco, cinco partes. Sal de nitro, cinco partes. Agua, 16 partes. Se usa en paños o compresas.

Irritación. — Alíviase con las bebidas refrigerantes siguientes: Raíz de grama lavada y machacada, una onza. Hiérvase en una botella de agua. Añádase azúcar suficiente y una dracma de sal de nitro. Es la dosis para el día, y conviene también contra el ardor y retención de orina, y para las enfermedades inflamatorias.

2 ª. Semillas de melón, una onza. Muélanse bien con poca agua. Añádase una ochava de sal de nitro y suficiente azúcar. Se cuela para beberla en dos tomas, una cada dos horas.

Irritación de las vías urinarias. — Úsese la receta primera dada en la palabra que antecede.

J

Jaqueca. — Para combatirla: Extracto de opio, dos granos. Extracto de beleño, cuatro granos. Extracto de belladona, cuatro granos. Manteca de cacao, cuatro granos. Extracto de lechuga, cuatro granos. Háganse 10 píldoras para tomar de una a dos al día.

L

Lavativas. — Purgante: Aceite de castor, tres cucharadas. Yemas de huevo, una. Agua tibia, cantidad suficiente. Disuélvase bien e inyéctese.

Alcanforada. — Alcanfor, 20 granos. Yema de huevo, una. Disuélvase en ella el alcanfor por trituración y añádase, removiendo agua tibia, cantidad suficiente para la lavativa. Se administra con utilidad en las fiebres graves nerviosas, en el ardor de orina y en las erecciones dolorosas.

De asafétida. — Asafétida, una dracma. Yema de huevo, una. Disuélvase en ella y añádasele el agua tibia suficiente. Es buena contra los ataques nerviosos, para facilitar el parto, para expulsar las pares y para calmar el cólico nervioso.

Lombrices. — Recetas para curarlas: 1 ª. Ajos machacados, ocho. Semillas molidas de papaya, 50. Hojas de apasote molidas, media onza. Póngase todo en una taza. Viértase encima media botella de leche hirviendo, y ya fría, se cuela para que en el día la beba el paciente en varias tomas. Debe repetirse esa medicina dos o más días, y al fin, darse un purgante de aceite de castor (ricino).

2 ª Santonino, 10 granos. Raíz de valeriana, en polvo, 10 granos. Jalapa, 20 granos. Para una sola toma.

3 ª. Semencontra, una dracma. Divídase en ocho papeles. Dosis para los niños, de uno a dos al día, disueltos en un poquito de miel o de leche.

LL

Llagas gangrenosas. — Recetas para curarlas: 1 ª. Ante todo, se unta la úlcera con ácido fénico líquido, con un pincel o brochita de pelos suaves. A las veinticuatro horas se lava con jabón de trementina y agua tibia de quina, de encino o ginicuite, y se enjuaga con trapos suaves y secos. Enseguida se unta la llaga de la pomada siguiente: Manteca de puerco, cuatro onzas. Yodoformo, 10 granos. Yoduro de potasa, 20 granos. Se mezcla bien en mortero y se guarda en bote cerrado para aplicarla a la llaga a mañana y tarde. La operación del lavado se repetirá cada cuarenta y ocho horas. Si el enfermo es galicoso o tiene reumatismo o mala sangre, debe tomar al mismo tiempo la medicina de la receta cuarta de la palabra Reumatismo y su curación será segura.

2 ª. Quina en polvo y carbón vegetal en polvo, media onza de cada uno. Harina de linaza, una onza. Aguardiente alcanforado, dos cucharadas. Agua caliente, la necesaria para hacer una cataplasma que se aplicará tibia sobre la úlcera y se renovará todos los días hasta que desaparezca el aspecto gangrenoso.

3 ª. Para ese mismo fin se pueden aplicar a las úlceras cataplasmas de cáscaras frescas de ginicuite, bien molidas, añadiendo una cucharada de aguardiente alcanforado.

4 ª. También se puede obtener la curación lavándose con agua de geranio, dejándose sobre la llaga, a modo de emplasto, las hojas restregadas que han servido para componer el agua natural.

M

Mal. — Véase Aftas.

Mal de madre. — Véase Histerismo.

Mal de ojos. — Recetas: 1 ª. Contra el mal de ojos común. Sulfato de cobre o piedra lápiz, 10 granos. Agua, media botella. Échense dos o tres gotas entre los párpados, dos o tres veces al día.

2 ª. Nitrato de plata cristalizado, un grano. Agua, una onza. Usase como el anterior, cinco o seis veces al día cuando hay supuración podrosa de los ojos.

3 ª. Sulfato de cinc, 10 granos. Alumbre, 10 granos. Agua, una onza. Échense gotas entre los párpados tres veces al día contra el mismo mal de ojos podroso.

4 ª. Cuando hay purulencia y comezón en los párpados, aplíquese sobre ellos al paciente al acostarse a dormir, por cuatro o más noches, la pomada siguiente: Manteca de res o de vaca, un poquito. Precipitado rojo de mercurio, lo que baste para que la manteca se ponga de color de rosa al batirla bien con el precipitado. Es buen remedio.

Manchas blancas de la piel. — Se quitan con la medicina siguiente: Tintura de pimiento, tres onzas y media. Alcohol alcanforado, igual cantidad, y la misma de álcali volátil. Se friccionan con ella las manchas, dos veces al día.

Mareo. — Para combatirlo: Éter vitriólico, 15 gotas. Tómese en un terroncito de azúcar dos veces al día. Es un remedio que pasa por específico contra esa incomodidad.

Como preservativo, se aconseja el vino mezclado con agua de mar.

Menstruaciones acuosas o desarregladas. — Recetas: 1 ª. Tómese por uno o dos meses agua ferruginosa preparada así: Entiérrense en suelo húmedo por dos días tres onzas de clavos menudos de hierro. Se sacan después, se lavan y se echan en una botella de agua, la cual se sacude varias veces por dos días. Del tercer día en adelante se tomará diariamente media botella de dicha agua, cuidando de volver a llenar la botella con agua limpia todas las noches para reponer la que se ha bebido. Esta agua conviene mucho también a las personas descoloridas y nerviosas, particularmente a las mujeres.

2 ª. Contra la menstruación dolorosa: Azafrán, 12 granos. Atincar, 16 granos. Agua hirviendo, 12 cucharadas. Dosis, cuatro cucharadas cada hora.

3 ª. Úsese la receta dada en la palabra Postración nerviosa.

Mordeduras de culebra, de animales con rabia o ponzoñosos. — Receta: Ácido fénico, 40 gotas. Aguardiente, dos cucharadas. Mézclense para poner compresas sobre la mordedura o picadura. Al mismo tiempo se tomarán tres cucharadas de tintura de guaco, una cada tres horas.

N

Nerviosos. — A las personas nerviosas aprovechan los baños fríos, aromatizando el baño con un jarro de agua hervida con un puñado de hojas de naranjo, romero, alhucema y artemisa.

Ya frio el cocimiento, se cuela y se mezcla al agua del baño.

En los casos de convulsiones o desmayos simplemente nerviosos, conviene tomar dos o tres veces al día la poción etérea indicada en la palabra Desmayos.

Cuando hay abatimiento o malestar puramente nervioso, tómese en tres tomas, una cada tres horas, la siguiente infusión: Raíz de valeriana, machacada o en polvo, una y media dracma. Colóquese dentro de una taza y se vierte un vaso de agua hirviendo. Se tapa, y ya fría, se cuela para tomarla.

Neuralgias. — Sulfato de quina, 24 granos. Extracto de belladona, dos granos. Extracto de valeriana, 24 granos. Opio, un grano. Háganse 24 píldoras para tomarlas en dos días, tres cada cuatro horas.

2 ª. Úsese la receta tercera dada en la voz Epilepsia.

O

Orina de sangre en los ancianos. — Aplíquese la receta primera indicada en la palabra Flores blancas.

Oftalmías. — Véase Mal de ojos.

Las nubes de los ojos resultantes de mal de ojos, y cuando son superficiales, se curan con el colirio siguiente: Agua de rosas, seis onzas. Sulfato de cinc, 12 granos. Mézclense para instilar gotas dentro del ojo por algunos días.

P

Palidez. — Las personas pálidas y especialmente las mujeres adquieren buen color usando las siguientes recetas:

1 ª. Limaduras finas de hierro, 60 granos. Harina o miga de pan, 60 granos. Háganse 80 píldoras. Dosis, cuatro por la mañana y cuatro por la tarde.

2 ª. Quina en polvo, 120 granos. Limaduras finas de hierro, 120 granos. Mucílago de goma, cantidad suficiente para la mezcla. Háganse 120 píldoras y se toman cuatro a mañana y tarde.

Palpitaciones del corazón. — Cuando proviene de nerviosidad: Digital en polvo, 100 granos. Extracto de beleño, 10 granos. Háganse 50 píldoras para tomar de tres a cinco al día.

Panadizo (sietecueros). — Para contener sus efectos desde el principio, el Dr. Gaucher ha seguido con feliz éxito el siguiente tratamiento: Se humedece ligeramente el punto doloroso y sus alrededores con agua común y se pasa sobre la superficie mojada el lápiz de nitrato de plata. Pocas horas después, la piel ofrece una coloración bastante negra, el dolor desaparece y la inflamación se detiene.

Cuando ese remedio no puede hacerse porque ya esté muy adelantada la inflamación, se procurará madurarla y reventarla, colocando sobre ella un parche de alquitrán, que da esos resultados.

Una vez reventado el panadizo y salido un botón de nervio, se echan sobre él una o dos gotas de ácido fénico, el cual quita en el acto el dolor, destruye el nervio salido y facilita la cicatrización en breve término.

Pares o secundinas. — Para facilitar su expulsión, véase Lavativa de asafétida.

2 ª. En caso de no poderse expulsar las pares o placenta, aplíquese sobre el bajo vientre la siguiente pomada: Extracto de belladona, 100 granos. Opio, 40 granos. Manteca de puerco, seis dracmas. Mézclese en un mortero para usarla.

Parálisis nerviosa. — Para curarla: Nuez vómica en polvo, 40 granos. Extracto de zarzaparrilla o de guayaco, 40 granos. Háganse 40 píldoras. Dosis, tres a cuatro en el día.

Parto. — Para facilitarlo, véase Lavativa asafétida.

Pecas o efélides. — Para quitarlas: Agua de flores de naranjo, un vaso. Glicerina, una cucharada. Bórax o atincar, una dracma. Mézclense bien y mójese con el líquido los lugares ocupados por las pecas.

2 ª. Bórax, una onza. Agua de rosas, una botella. Humedecerse las pecas dos veces al día con esta loción, procurando dejarla secar sobre las mismas pecas.

Piojos y ladillas. — Para matarlos, úsese el lavatorio indicado en la receta dada en la palabra Úlceras venéreas.

Postración nerviosa en general. — Para curarla: Sulfato de quinina, 40 granos. Ácido arsenioso, tercera parte de un grano. Hierro reducido, 20 granos. Extracto de nuez vómica, cuatro granos. Extracto de cannabis índica, cinco granos. Mézclense y háganse 20 píldoras para tomar dos al día, una antes de cada comida.

Este es también un buen medicamento contra la menstruación dolorosa de las mujeres.

Prurito cutáneo (comezón desesperada de la piel). — El Dr. Icard, médico de Lyón, curó casos desesperados de prurito cutáneo con el uso interno de salicilato de soda, a la dosis de dos a tres gramos por día.

Purgación. — Recetas para curarla: 1 ª. Bálsamo de copaiba o aceite de camíbar, seis cucharadas. Yemas de huevo, dos. Mézclense. Añádanse ocho cucharadas de miel de abejas, y dos de espíritu de nitro dulce.

Dosis, una cucharada dos veces al día, cuidando de sacudir la botella siempre que se va a administrar el remedio.

2 ª. Contra las purgaciones crónicas es buena la siguiente bebida: semillas de copalillc (limpiadientes), o de palo giote (ginicuite), media onza. Agua, media botella. Hiérvase, cuélese y adminístrese en tres tomas diarias hasta curarse.

3 ª. Trementina blanda de pino, media onza. Cubeba en polvo, cantidad suficiente para formar una masa consistente. Se hacen píldoras de tamaño regular y se toman cinco dos o tres veces al día, según la tolerancia del enfermo.

4 ª. Bálsamo de copaiba, una onza. Cubeba buena en polvo, una onza. Magnesia de terrón, cantidad bastante para hacer una masa consistente. Redúzcase a píldoras para tomarlas en quince días, un número igual cada día.

Si en ese término no se cura la purgación, se toma por otra quincena la misma medicina.

En los últimos ocho días del uso de ese remedio se recoge todas las mañanas en un bote la primera orina balsámica del enfermo, y con ella se aplicará inyecciones tres veces al día.

Por cuatro días después de todo lo dicho, se aplicará inyecciones de agua blanca dos veces al día. Este tratamiento cura, con toda seguridad, las gonorreas, aun siendo muy antiguas; pero si el enfermo está sifilítico o galicoso, debe tomar antes el medicamento indicado en la receta cuarta, palabra Reumatismo.

5 ª. Contra la purgación de las mujeres. Trementina cocida, dos dracmas. Aloe, media dracma. Háganse 40 píldoras para tomar de seis a ocho al día.

6 ª. Contra la purgación crónica es asimismo buena esta receta. Trementina de pino, dos dracmas. Ruibarbo, dos dracmas. Magnesia, cantidad suficiente para hacer píldoras de tamaño común. Dosis, ocho al día, cuatro por mañana y cuatro por tarde.

Putrefacción. — En los períodos de putrefacción de algunas fiebres y de otras enfermedades internas, es provechoso el uso de la siguiente receta. Quina calisaya, dos dracmas. Serpentaria de Virginia, dos dracmas. Hiérvanse en 10 onzas de agua. Añádanse 18 granos de alcanfor triturados en mortero con una yema de huevo. Adminístrese por cucharadas, dos cada dos horas.

Q

Quemaduras. — Cuando la quemadura no ha levantado ampolla, y para que no la levante y se quite el ardor, aplíquese sobre toda la extensión de la quemadura un lodito o papilla de bicarbonato de soda mojado con agua común. Es un remedio eficaz.

2 ª. En el mismo estado de las quemaduras se aplican lienzos empapados en aceite calcáreo, que se compone así: Aceite de almendras dulces, 10 cucharadas. Agua de cal asentada, 10 cucharadas. Sobre el lienzo que cubre la quemadura se aplicará una capa de algodón cardado o escarmentado.

3 ª. Cuando ya está desollada y en supuración la quemadura, se curará como las heridas, lavándola todos los días con agua tibia de romero y jabón de trementina, enjuagándola enseguida, cubriéndola con hilas secas hasta que cicatrice la piel. Si se dificulta la cicatrización, lo cual sucede con frecuencia, se obtendrá, con toda seguridad, aplicando sobre la quemadura dos veces al día el compuesto siguiente: Albayalde de Castilla (de plomo), media dracma. Aceite de comer, cuatro cucharadas. Se echa todo en un frasco y se sacude bien para aplicarlo.

R

Reumatismo. — Recetas contra esa enfermedad.

1 ª. Fricciones sobre la parte doliente con aceite alcanforado compuesto en esta forma: Aceite de comer, 12 cucharadas. Alcanfor en polvo, dos dracmas. Mézclese bien en un mortero, y añádanse seis cucharadas de aceite o esencia de trementina.

2 ª. Contra el reumatismo crónico úsese la receta primera dada en la palabra Tisis.

3 ª. Contra el reumatismo sin inflamación, fricciones del compuesto siguiente: Aceite alcanforado, nueve cucharadas. Álcali volátil, una cucharada. Se mezcla dentro de un frasco, se sacude y se tiene bien tapado.

4 ª. Zarzaparrilla en bejuco machacada, una onza. Agua, una y media botella. Hiérvase hasta que se reduzca a la mitad, cuélese y añádasele azúcar a gusto del enfermo, y 10 granos de yoduro de potasa. Es la dosis para cada día en cuatro tomas, una cada tres horas.

Tomada esta medicina por un mes o mes y medio, y absteniéndose de comidas y bebidas ácidas, picantes o conservadas por la sal, como la carne salada, y guardándose del fuego, de fuertes asoleadas y de las corrientes de aire frio o húmedo, la curación completa del reumatismo es segura. Después de tomada la zarza, el enfermo beberá cada día un vaso de leche hervida por quince días, y guardará la misma dieta que tuvo durante la curación.

5 ª. Es también buena receta para curar el reumatismo la siguiente: Yoduro de potasa, media onza. Agua, tres cuartas de una botella. Tintura de cólchico, dos dracmas. Extracto de acónito, dos escrúpulos. Tintura de escila, tres dracmas. Mézclese para tomar una cucharada mediana dos veces al día. Esta receta debe prepararse en una farmacia.

6 ª. El reumatismo articular crónico se combate con buen éxito con las píldoras siguientes: Extracto de acónito, 30 granos. Azufre dorado de antimonio, 30 granos. Háganse 30 píldoras para tomar de dos a seis al día.

7 ª. Contra el reumatismo no inflamatorio. Sulfato de quinina, una dracma. Citrato de hierro, una dracma. Mézclense y divídanse en 24 papeles para tomar uno dos veces al día. Es buen remedio.

S

Sarna. — Loción alcalina. Subcarbonato de potasa o sal de ajenjo, media onza. Agua, media botella. Mézclense para friccionar con este líquido las partes sarnosas o jiotosas.

2 ª. Sal de ajenjo, dos dracmas disueltas en un poquito de agua de carbonato de soda. Flor de azufre, media onza. Manteca de puerco, dos onzas. Se hace del todo una pomada bien mezclada para aplicarla dos veces al día a las partes sarnosas, y se lavan con jabón cada dos días.

Sietecueros. — Véase Panadizo.

Solitaria. — Para expulsarla: 1 ª. Corteza del árbol de granado, mucho mejor de las raíces, dos onzas. Agua, botella y media. Macháquese bien la cáscara. Por espacio de doce horas se deja en infusión fría en la misma cantidad de agua. Se hierve enseguida en trasto de barro hasta que se reduzca el líquido a media botella, para beberla en ayunas, en tres partes, cada media hora una parte. La primera toma suele causar vómito; pero eso no impide para administrar las otras. Es necesario usar tres días seguidos este medicamento, y el día anterior a las primeras tomas, el paciente debe purgarse con cinco o seis cucharadas de aceite de castor.

2 ª. Semillas de calabaza, sin cáscara, dos onzas. Azúcar, dos onzas. Mézclense hasta convertirlas en una masa que el paciente tomará de una vez. Esa misma dosis debe tomarse por dos días más, y, al siguiente, se purgará el enfermo con seis cucharadas de aceite de castor. Es medicamento muy recomendado.

3 ª. El medicamento quizá más poderoso para expeler la solitaria es la peletierina, alcaloide extraído de la cáscara de la raíz del granado, descubierto por el químico Tauret. Dosis para un adulto, 30 centigramos en una solución taninada, como agua de corteza de encina, etc. El Dr. Betances administró a dosis conveniente a una niña de cinco años, y a las dos horas arrojó una enorme solitaria.

4 ª. Éter sulfúrico concentrado, una dracma. Se toma por la mañana en ayunas, en un vaso de cocimiento de helecho macho. Minutos después se administra una lavativa compuesta de la misma manera. A la hora, se toma media onza de aceite de castor. Se sigue este tratamiento por espacio de tres días.

T

Temblores nerviosos. — Úsese contra ellos la siguiente bebida: Quina del Perú, en polvo, dos onzas. Cuézase en dos botellas de agua. Azucárese y añádase una dracma de clavo de especia molida y un cristal de aguardiente. Dosis, dos o tres cucharadas al día.

Tétanos. — Recetas: 1 ª. Cloral hidratado, 80 granos. Agua azucarada, 20 cucharadas. Para administrar al enfermo dos o más cucharadas cada hora hasta dominar la enfermedad.

Cuando el tétanos proviene de una herida, conviene atender a curarla lo más pronto posible; y en todo caso, después del tétanos, para que el paciente no muera de otra enfermedad sobreviniente, es bueno darle por veinte días o un mes la medicina siguiente: Zarzaparrilla en bejuco, una onza cocida en dos vasos de agua hasta que se reduzca a uno. Yoduro de potasa, 16 granos. Es la dosis para un adulto en el día. Para los pequeños, se proporcionará según su edad.

2 ª. Agua de goma azucarada, 24 cucharadas. Éter sulfúrico, una y media cucharada. Mézclese y guárdese en frasco bien tapado. Dosis para una persona de 20 años arriba, el primer día una cucharada de hora en hora. Por la noche, se suspende el medicamento. Este remedio se continúa administrando por quince días, hasta la curación, a la dosis de dos cucharadas de hora en hora.

Tiña. — Se cura lavando todos los días los lugares de la cabeza cubiertos de dicha enfermedad con agua de cal asentada, compuesta así: Cal, una onza. Agua, una botella. Se sacude y se deja asentar para usarla cuando ya esté clara. Esta agua es buena contra la sarna y las llagas de mal olor o color, lavándolas con ella. Se curan igualmente la tiña y sarna mojándolas perfectamente todos los días con el agua siguiente: Agua, seis cucharadas. Sublimado corrosivo, dos granos.

Tisis. — Recetas para combatirla: 1 ª. Quizá el mejor remedio contra la tisis es el aceite de hígado de bacalao, con tal que sea puro y amarillo, color de ámbar. La dosis para adultos es de una hasta tres cucharadas al día, en un poco de café o de vino; y para los de menos edad, en menores dosis proporcionales. Las buenas emulsiones de aceite de hígado de bacalao que hoy se usan, como la de Scott, dan aún mejores y más prontos resultados.

2 ª. Úsese la receta dada en la palabra Cáncer.

Tos. — En los casos de tos reseca de difícil expectoración adminístrese al paciente la receta segunda dada en la palabra Dolor de costado.

2 ª. Contra la tos crónica: Leche de vaca o de cabra, media botella. Flor de saúco, dos dracmas. Goma arábica, dos dracmas. Hiérvase y bébase en cuatro tomas, una cada tres horas.

3 ª. Goma amoniaco, una dracma. Agua, media botella. Hiérvase bien, cuélese y adminístrese una cucharada cada hora.

4 ª. Agua de laurel cerezo, cuatro gramos. Poción gomosa, 40 gramos. Codeína, un decigramo. Dosis, una cucharada al acostarse.

Tos ferina. — Contra esa dolencia, que tanto maltrata a los niños, ocasionándoles muchas veces la muerte, produce muy buenos resultados la siguiente receta:

Disuélvanse 12 granos de carbonato de potasa en un cuarto de botella de agua común, añádanse 10 granos de cochinilla o grana en polvo, endúlcese el líquido con azúcar y adminístrese a los niños de tres a cuatro cucharaditas en el día.

2 ª. Ha probado muy bien dar a los pacientes maíz verde hervido en leche, sin dulce ni sal, en la cantidad que indique la prudencia.

Tumores. — Apliquese sobre ellos la cataplasma tibia siguiente: Linaza en polvo y cebollas asadas y molidas, cantidad suficiente. Hiérvanse en poca agua. Cuando la masa haya adquirido regular consistencia, añádasele una cucharada de aceite común y otra de espíritu de trementina.

2 ª. Para resolver los tumores: Muélanse hojas de calabaza hasta obtener con su propio jugo una masa blanda. Póngase a fuego manso en una sartén. Añádasele un poco de aceite común, revuélvase la mezcla y, tibia, se aplica sobre el tumor.

3 ª. Los tumores dolientes y duros, como los incordios o bubones, se resuelven también aplicando sobre ellos, dos o tres veces al día,

ungüento mercurial doble o pomada fuerte de yodo, y administrando un purgante al enfermo.

4 ª. Contra los tumores fríos o indolentes: Yoduro de potasa, una dracma. Tritúrese en el mortero con unas gotas de agua. Añádase una onza de manteca de puerco y mézclese bien. Se usa en fricciones, dos o más veces al día.

5 ª. Contra los tumores escrofulosos: Yoduro de plomo, una dracma. Manteca de puerco, una onza. Se hace la pomada y se aplica dos veces al día para resolverlos.

U

Úlceras gangrenosas. — Véase Llagas gangrenosas.

Úlceras venéreas. — Para sanarlas: Sublimado corrosivo, seis granos. Agua de cal asentada, una botella. Se aplica exteriormente en lavatorios una o dos veces por día.

El Dr. Maisorr considera el subcarbonato de hierro como el mejor remedio para el tratamiento de las varias clases de úlceras, incluyendo las sifilíticas. El modo de usar el subcarbonato es el siguiente: Se lava primero la superficie de la úlcera con una solución de ácido fénico y agua; en seguida se espolvorea bien con el subcarbonato de hierro pulverizado, y, por último, se cubre con una cataplasma de almidón. Generalmente se aplica el subcarbonato, y la cataplasma una vez cada día, previa loción de la úlcera, con agua de quina, romero, etc. El proceso reparativo es muy rápido, y se ha efectuado en algunas llagas rebeldes aun el tratamiento con el yodoformo.

V

Vómitos. — Recetas para combatirlos: 1 ª. En los vómitos biliosos, adminístrese al paciente cada media hora ocho cucharadas de la bebida siguiente: Agua de azúcar acidulada con limón, una botella. Claras de huevo, tres. Mézclense y bátanse bien, colando en seguida el líquido para usarlo.

Esta misma bebida, pero sin limón, y en mayores dosis, conviene en los casos de disentería y diarrea.

2 ª. En los vómitos comunes y tenaces. Adminístrese al enfermo, por poquitos, una tacita de horchata de almidón, azucarada y fría, con

10 gotas de buen láudano. Al propio tiempo se ponen paños de aguardiente o un sinapismo sobre el estómago y se aplica una pequeña lavativa, para detenerla, de la misma horchata, sin azúcar, con 30 gotas de láudano.

A los pequeños no conviene el láudano para el estómago, y en lavativa no debe pasar de cuatro o menos gotas, según la edad.

3 ª. Contra los vómitos que sobrevienen a la entrada de las calenturas intermitentes, adminístrese al enfermo una toma de agua de azúcar, con 20 gotas de láudano y 25 de éter sulfúrico. Esta bebida no conviene a los niños, porque es peligroso para ellos el uso del láudano, sino en muy pequeñas dosis y recetado por facultativo.

4 ª. Contra los vómitos de las mujeres por embarazo: Creosota, tres gotas. Extracto de cicuta, 20 centigramos. Háganse nueve píldoras para tomar tres al día.

FIN

ÍNDICE ALFABÉTICO DE LAS MATERIAS CONTENIDAS EN ESTE TOMO

A

B

C

CH

Chancro: 268
Chiapas: 136
Chichicaste: 69-128
Chichimora: 69
Chichinguaste: 69
Chinches: 245

D

Danta: 70
Debilidad: 246-269
Dedicatoria: 7
Dementes: 212
Dentadura: 212-245
Desmayos: 270
Desvanecimientos rebeldes nerviosos: 270
Desvelo: 247
Desvelos: 270
Diabetes: 270
Diarrea: 212
Diarreas crónicas: 270
Diarrea de los niños: 247-271
Días: 212
Digestión dificultosa: 272
Disentería: 271-296
Dispepsia: 272
Divieso: 247
Dolor de cabeza: 247
Dolor de cabeza inveterado: 272
Dolor de cabeza nervioso: 273
Dolor de costado: 136-212-247-273
Dolor de estómago: 247
Dolor de garganta: 244
Dolor de muelas: 248
Dolor de oídos: 247-275
Dolor de orina: 275
Dolor nervioso: 248
Dolor uterino: 247
Dolores internos comunes: 274
Dolores nerviosos: 275

E

F

G

Ginicuite: 79

Golpes. 250

Gota serena. 250

Grana: 80

Granado: 80

Granos: 286

Grietas: 46-250

Guacamaya: 80

Guácimo. 81

Guaco: 82

Guacucos: 82

Gualiqueme: 84

Guanacaste: 84

Guapinol: 84

Gusanos.250

Gusanos en el interior de la nariz o del oído: 286

Güegüecho: 250

H

Habitación: 217

Hemiplejia. 217

Hemorragias pulmonares: 287

Hendiduras: 250

Heridas: 181-250

Heridas gangrenosas: 287

Hernias: 217

Hernias estranguladas: 250

Herpes: 54-157-217-220-288

Hidropesía: 217-250-288

Hidropesía de pecho: 290

Hiel de buey o de vaca: 85

Hierro: 85

Hígado: 251-290

Higuerillo: 86

Hipericón: 88

Hipo. 291

Hipocondría: 217

Histéricas: 218

Histerismo: 144-250-291

Hollín: 88

Hombres gordos: 218

I

J

Jate: 97
Jícaro: 98
Jiotes escamosos: 288
Jiquille: 37

L

Lacre: 99
Ladillas: 802
Lagartija: 100
Láudano líquido o de Sidenhán: 192
Lavativas: 113-252-294
Leche de vaca: 100
Lechuga: 102
Lejía de cenizas: 104
Lengua de ciervo: 105
Liga de los árboles: 105
Llagas: 180
Llagas gangrenosas: 296
Llantén: 110
Lima: 105
Limpiadientes: 64
Limón: 105
Linaz: 108
Liquidámbar: 109
Locura: 252
Lombrices: 59-252-295
Loquios: 252

M

Madrecacao: 111
Magnesia calcinad: 193
Magnesia (Purgante de): 175
Magnetismo animal: 222
Maguey: 112
Maíz: 113
Mal de boca: 297
Mal de madre: 297
Mal de ojos: 253-297
Mal de piedra: 253
Malva: 115

N

O

P

Q

Quemaduras: 46-255-305
Quina: 140
Quiscamote: 140

R

Rábano: 141
Rabia: 230-255
Rana: 141
Rasgos biográficos: 9
Rayo: 230
Recién nacidos: 231
Redoma: 141
Regiones: 231
Remedios: 231
Remedio heroico: 165
Respiración: 231
Reumatismo: 232-255-307
Revulsivos: 232
Ricino (Aceite de): 189
Risa: 232
Romadizo: 245
Romero: 142
Ronquera: 288
Rosa blanca: 148
Rosa encarnada olorosa: 143
Rubicundez: 288
Ruda: 148
Ruibarbo (Purgante de): 175

S

Sal común: 145
Sal de cocina: 145
Sal de Inglaterra (Purgante de): 174
Sal de nitro-nitrato de potasa: 143
Saliva: 283
Salvado: 38
Salvia: 143

T

U

V

X

Y

Z

Zábila: 34
Zarzaparrilla: 168
Zorrillo: 170